PSICANÁLISE E NECROPOLÍTICA
NO BRASIL

Tatiana Siqueira Ribeiro

Copyright © 2023 por Aller Editora

Publicado com a devida autorização e todos os direitos reservados
à Aller Editora.

É expressamente proibida qualquer utilização ou reprodução do conteúdo
desta obra, total ou parcial, seja por meios impressos, eletrônicos ou
audiovisuais, sem o consentimento expresso e documentado da Aller Editora.

Editora	Fernanda Zacharewicz
Conselho editorial	Andréa Brunetto • *Escola de Psicanálise dos Fóruns do Campo Lacaniano* Beatriz Santos • *Université Paris Diderot — Paris 7* Jean-Michel Vives • *Université Côte d'Azur* Lia Carneiro Silveira • *Escola de Psicanálise dos Fóruns do Campo Lacaniano* Luis Izcovich • *Escola de Psicanálise dos Fóruns do Campo Lacaniano*
Revisão técnica	Fernanda Zacharewicz e William Zeytounlian
Capa	Rogério Rauber
Diagramação	Sonia Peticov

1ª edição: março de 2023

Dados Internacionais de Catalogação na Publicação (CIP)
Ficha catalográfica elaborada por Angélica Ilacqua CRB-8/7057

R372p   Ribeiro, Tatiana Siqueira

           Psicanálise e necropolítica no Brasil / Tatiana Siqueira Ribeiro.
    – 1. ed. – São Paulo : Aller, 2023.

    176 p.

    Bibliografia
    ISBN 978-65-87399-51-5
    ISBN 978-65-87399-50-8 (livro digital)

    1. Psicanálise 2. Racismo I. Título

23-1117   CDD: 150.195
                                                                                                        CDU 159.964.2

Índice para catálogo sistemático
1. Psicanálise

Publicado com a devida autorização e
com todos os direitos reservados por

ALLER EDITORA
Rua Havaí, 499
CEP 01259-000 • São Paulo — SP
Tel: (11) 93015-0106
contato@allereditora.com.br

Aller Editora • allereditora

*Aos meus filhos, Júlia e Davi:
que essa escrita seja um incentivo
para que eles possam bancar
o próprio desejo.*

SUMÁRIO

Prefácio	7
■ A MARCA DE UMA CENA	11
■ O DISCURSO PRECONCEITUOSO APENAS PALAVRAS?	23
Racismo estrutural	33
■ DEVIR-NEGRO	47
Racismo negado — diversas facetas	55
Negação em Freud	67
A exaltação dos discursos preconceituosos na atualidade	74
O mostra-esconde de nosso racismo	76
Racismo à brasileira ou neurose cultural brasileira	87
■ DISCURSO RACISTA FORMADOR DE LAÇO SOCIAL	101
Laço social em Freud	105
Narcisismo das pequenas diferenças	110
Os discursos formadores de laço social	116
O preconceito nos discursos	125
Discurso capitalista e necropolítica	135

- O QUE PODE O PSICANALISTA FRENTE
  AO DISCURSO DO MESTRE E AO
  DISCURSO CAPITALISTA?   **145**
  A Sublimação   **151**

PREFÁCIO

UM LIVRO é, desde o início, caminho a ser percorrido. Marcado como as estações do ano, suas páginas nos mostram a aridez do inverno e, se tivermos sorte, a possibilidade de renascimento que a primavera anuncia.

Psicanálise e necropolítica no Brasil é o fruto que Tatiana Siqueira Ribeiro foi capaz de produzir desde o solo maltratado dos últimos anos de nossa República. A autora inicia a obra com a descrição do horror de uma cena. Horror posto em palavras que, como ela mostra nas páginas que seguem, tem graves consequências.

É certo que, desde 2016 até o final de 2022, nosso país viu sua jovem democracia ser posta a perigo. Direitos adquiridos foram revogados, discursos de ódio impulsionaram identificações e laços sociais estruturados a partir disso multiplicaram-se. Esses fatos já escancaravam o risco de morte que grande parte de nossa população — ainda que insistentemente chamada de minoria — corria.

Ao que acreditávamos ser uma temporada, se acrescentou o inimaginado: a pandemia causada pela COVID-19. Contamos nossos mortos às centenas de milhares; os absurdos vociferados pelo que então ocupava a Presidência desnorteavam nossos sentidos e o inverno de nossa pátria parecia capaz de se prolongar indefinidamente.

Tatiana encontrou sua maneira de lidar com a crueldade que saltava aos olhos daqueles que consideram todo o ser humano digno de direitos. Da dor de encontrar-se com o indizível ela fez palavras. Sorte nossa!

Desde a escrita de sua tese de doutorado, surgiu o desejo de um livro. Simultaneamente, na nefasta estrutura que comandava a política brasileira começavam a aparecer as primeiras rachaduras. Contando seus mortos, em luto, amordaçadas, com direitos decepados, as ditas minorias seguiam pressionando. E popular ditado começava a criar vida: água mole em pedra dura...

Água mole, trabalho de formiguinha, juntos somos fortes, ninguém solta a mão de ninguém, todos esses ditos e muitos outros impulsionavam-nos a continuar, a cada vez, a cada passo. No caso desta editora, a quem coube a escrita deste prefácio, a tarefa foi seguir a cada linha do que era uma tese, com o original a sofrer as incontáveis marcações em múltiplas cores.

Tatiana partilhava seu caminho comigo. Desnudava diante de mim o horror a partir de sua lucidez sobre ele. Uma manhã eu lhe disse: editar seu livro custou-me a alma — e isso era bom. Eu esforçava-me para virar cada página. Como atravessar o horror? O que essa mulher branca, heterossexual, ousava escancarar diante de meus olhos?

Submersa na construção do livro, sonhei. Encontrava minha avó, com quem eu tive pouco contato, de quem nunca imaginava ter simbolicamente herdado algo. Ela, outrora mulher fisicamente muito forte, franzina avançava ao meu encontro. Abraçava-me. Ainda adormecida, eu percebia que aquele abraço me entregava a herança de todas as mulheres do mundo, que vieram e que virão. Passava por mim a herança do feminino.

PREFÁCIO

Da mulher Tatiana eu recebia a agudez da análise crítica construída em tempos sombrios. Agora cabia a mim, outra mulher, a editora, possibilitar que esse legado seguisse seu rumo. Considero que esse livro chega em boa hora, ganha as livrarias com a posse de um novo governo, a retomada e ampliação dos direitos humanos. Enfim, *Psicanálise e necropolítica no Brasil* nasce com a chegada da primavera em nosso país.

FERNANDA ZACHAREWICZ

A MARCA DE UMA CENA

Racismo? No Brasil? Quem foi que disse? Isso é coisa
de americano.
Aqui não tem diferença porque todo mundo é brasileiro acima
de tudo, graças a Deus.
Preto aqui é bem tratado, tem o mesmo direito que a gente tem.
Tanto é que, quando se esforça, ele sobe na vida como qualquer um.
Conheço um que é médico; educadíssimo, culto, elegante e com
umas feições tão finas...
Nem parece preto.

— LÉLIA GONZALEZ[1]

NOSSAS VIVÊNCIAS nos modificam e podem transformar toda uma vida. Conto o que impulsionou esse livro. Era um desses agradáveis almoços de domingo na casa de amigos, as famílias reunidas. Enquanto as crianças brincavam, os adultos conversavam. Nesse local, havia outro casal, que eu não conhecia. Tudo corria bem, até que, em determinado momento, a mulher do casal desconhecido declarou: "Eu sou racista". Fiquei atônita.

---

[1] GONZALEZ, Lélia. "Racismo e Sexismo na Cultura Brasileira". In: *Revista Ciências Sociais Hoje*, Anpocs, 1984. P. 223-244. Disponível no endereço: https://edisciplinas.usp.br/pluginfile.php/4584956/mod_resource/content/1/06%20-%20GONZALEZ%2C%20L%C3%A9lia%20-%20Racismo_e_Sexismo_na_Cultura_Brasileira%20%281%29.pdf. Acessado em 17 de fevereiro de 2023.

Como uma pessoa era capaz de pronunciar essas palavras? Como alguém pode dizer-se racista sem nenhum pudor ou constrangimento?

Iniciei o processo de reflexão e estudo sobre o tema desse livro em 2017, momento em que o mundo estava às voltas com os regimes políticos de tendências militares, casos de xenofobia, racismo e violência policial, tudo isso sob a égide do neoliberalismo vigente. A emergência de manifestações de intolerância e discriminação fez recrudescer políticas fascistas em vários países do mundo e no nosso. São numerosos os exemplos: a Colômbia, país dividido por dois partidos de direita, devastado por conflitos armados, tinha uma organização paramilitar cujo alvo principal eram os movimentos de resistência aos latifundiários. O Chile assistia à queda dos direitos trabalhistas. Os Estados Unidos exibiam uma política de horror aos estrangeiros. O Reino Unido vivia uma crescente onda de movimentos ultranacionalistas[2]. Esses fatos despertaram em mim um incômodo que, embora já existisse, estava latente.

O Brasil não ficou para trás na guinada à direita. Aqui tem se produzido um discurso de preconceito e segregação cada vez mais acirrado. Meu trabalho se deu na cadência dos acontecimentos pós-2016, sofreu seus efeitos, tornando meu olhar sobre os fatos ainda mais crítico. Esse escrito, nascido de minha tese de doutorado, visa compreender como o preconceito é um fator de reconhecimento de si e do outro e, a partir disso, uma forma de vínculo entre os sujeitos.

---

[2] CASTRO, Arthur. "A onda conservadora: os ataques da direita nos quatro cantos do mundo". In: *Jornal Dois*, 8 de novembro de 2019. Disponível no endereço: http://jornaldois.com.br/onda-conservadora/. Acessado em 15 de fevereiro de 2023. Acessado em 17 de fevereiro de 2023.

Em 2018, a direita brasileira ligada ao militarismo chegou ao poder com um discurso conservador, permeado de ameaças aos movimentos sociais, movimentos negros, de mulheres, da comunidade LGBTQIA+ e dos trabalhadores. Foi nesse contexto histórico, com nosso país profundamente dividido entre os apoiadores da direita e os contrários a essa pauta neoliberal radical, que comecei a estudar e a delimitar as estratégias para a realização da pesquisa de doutorado da qual floresceu esse livro. A campanha presidencial que culminou no resultado eleitoral para o mandato de 2018-2022 foi marcada pela massiva participação pessoas via internet. As redes sociais tiveram aí um papel importante. Ao mesmo tempo em que crescia o uso da internet nas campanhas de marketing dos partidos políticos, discursos violentos e preconceituosos expressos nas redes sociais aumentavam não somente em quantidade, mas também em intensidade. A reportagem publicada no dia 18 de setembro de 2018 pelo *site* Agência Brasil, confirmou um aumento dos discursos de ódio na internet. Segundo a matéria, esses conteúdos são proferidos não só pelos apoiadores, mas pelos próprios candidatos. Qual a intenção que determinados candidatos teriam ao evidenciarem manifestações preconceituosas? Qual o efeito dessas manifestações na população e, consequentemente, nas urnas? Enfim, por que a afirmação do preconceito/discriminação se tornou uma forma de aproximação e, sobretudo, de reconhecimento do outro[3]?

Nesse período assistimos a uma grande publicização e crescimento de grupos em torno de um ideal comum, dessa vez

---

[3] VALENTE, Jonas. "Eleições: site recebe denúncias de mensagens de ódio e discriminação". In: *Agencia Brasil*, 28 de setembro de 2018. Disponível no endereço: http://agenciabrasil.ebc.com.br/geral/noticia/2018-09/eleicoes-site--recebe-denuncias-de-mensagens-de-odio-e-discriminacao. Acessado em 17 de fevereiro de 2023.

A MARCA DE UMA CENA

unidos pelo mesmo preconceito, pelos mesmos ideais discriminatórios, como o de supremacia branca e de nacionalistas que abominam estrangeiros. Tudo isso era germinado *post* após *post* em ameaças não levadas a sério, o que banalizava a violência e o direito à vida das populações vulneráveis.

Dados fornecidos pela ONG Safranet, que atua desde 2006 na defesa dos direitos humanos na internet, demonstram que no período de 7 a 28 de outubro de 2018 (datas que, respectivamente, antecederam o primeiro e o segundo turnos das eleições presidenciais), ocorreu um aumento significativo de denúncias de discursos de ódio ou intolerância na rede[4]. Nesse período, as denúncias de conteúdos de "xenofobia cresceram 2.369,5%, de apologia ou incitação de crime contra a vida 630,52%, de neonazismo 548,4%, de homofobia 350,2%, de racismo 218,2% e de intolerância religiosa 145,13%"[5].

E como o surpreendente sempre pode ressurgir, março de 2020 trouxe novas marcas para meu trabalho. O mundo viu-se às voltas com uma pandemia. Um novo vírus, que produz a Covid-19, tornou-se uma ameaça à vida de milhares de pessoas. Não se sabia como tratar essa enfermidade, e as mortes pelo globo começaram a atingir números alarmantes. A psicanálise tem um termo específico para esse acontecimento: advento do Real. Real designa o acontecimento antes impensável, impossível de se prever, o que nos arrebata e surpreende.

A Organização Mundial da Saúde sugere fortemente, então, o isolamento social. Era necessário que as pessoas ficassem em

---

[4] MESQUITA, Lígia. "Denúncias de discurso de ódio online dispararam no 2º turno das eleições, diz ONG". In: *BBC New — Brasil,* 9 de novembro de 2018. Disponível no endereço: https://www.bbc.com/portuguese/brasil-46146756. Acessado em 17 de fevereiro de 2023.
[5] *Idem, ibidem.*

casa, saindo apenas para situações emergenciais e evitando situações de aglomeração. Essa medida era o que pouparia o colapso do sistema de saúde e centenas de milhares de vida.

Parecia óbvio que não haveria o que discutir. Porém, em nosso contexto sociopolítico, ganhou força a negação da validade dos avanços científicos e suas recomendações. Autoridades políticas, dentre as quais aquele que ocupava, à época, a presidência da República, não somente descumprem as recomendações médicas provocando aglomerações, como também defenderam a saída das pessoas de suas casas, especialmente dos cidadãos mais pobres, sob o argumento de que sobreviver estava atrelado a trabalhar ainda que com a existência ameaçada. Foram inúmeros os exemplos que demonstraram o descrédito com relação às recomendações médicas — a pandemia mundial foi chamada de histeria[6].

Sob o dito "O Brasil não pode parar", foi proposta uma multiplicidade de incentivos e autorizações para que as pessoas saíssem de suas casas. As questões pululavam em minha cabeça: Qual Brasil que não pode parar? Quem foi "autorizado" ou "empurrado" para fora de suas casas? Qual parcela da população precisa sair de casa por uma total falta de condições mínimas de sobrevivência?

Ao chamar a pandemia de "histeria" e questionar a validade das recomendações científicas, o que estava em jogo era uma política de morte que expunha a parcela mais pobre e vulnerável da população à contaminação pelo vírus letal.

---

[6] VASCONCELOS, Renato. "Coronavírus: relembre o que Bolsonaro já falou sobre a pandemia". In: *Estadão*, 2 de abril de 2020. Disponível no endereço: https://politica.estadao.com.br/noticias/geral,coronavirus-o-que-bolsonaro-ja-falou-ate-agora-sobre-a-pandemia,70003234776. Acessado em 17 de fevereiro de 2023.

A MARCA DE UMA CENA

Mas a implementação dessa política não era surpreendente em nosso país: são comuns na história do Brasil políticas de extermínio pelas quais certas vidas são submetidas a toda espécie de violência, risco e aniquilamento. Os alvos dessas práticas não são aleatórios: são as pessoas em condições de vulnerabilidade. Retomando o pressuposto de entrelaçamento, como apresentado por Angela Davis, percebe-se que a questão racial se liga a outras — como questões sociais, de gênero e imigratórias —, aumentando exponencialmente a população exposta a práticas de violência:

> Não podemos pensar a política negra da mesma forma que pensávamos. O que eu diria é que, nos Estados Unidos, a luta negra serve, de muitas maneiras, como um emblema da luta pela liberdade. Ela é emblemática de lutas mais amplas pela liberdade. Por isso, na esfera da política negra, eu também teria de incluir as lutas das questões de gênero, as lutas contra a homofobia, as lutas contra políticas repressivas anti-imigração. Acredito que seja importante apontar aquilo que em geral é chamado de tradição radical negra. E essa tradição não está simplesmente relacionada ao povo negro, mas a todos os povos que lutam pela liberdade. Então, nesse sentido, acho que o futuro deve ser considerado aberto. Certamente, a liberdade negra, no sentido estrito, ainda não foi conquistada. Ainda mais considerando que um grande número de pessoas negras está assentado na pobreza.[7]

O percurso e os percalços do meu trabalho aproximavam-me, então, do estudo sobre o preconceito e racismo de um devir-negro

---

[7] DAVIS, Angela. *Liberdade é uma luta constante*. São Paulo: Boitempo, 2018, p. 816. [Ebook — Kindle]

a partir de certos conceitos que apontam para uma relação de copertencimento e coexistência no modo de constituição das sociedades e dos sujeitos. Para tanto, tomei apoio não somente na questão de raça, mas também de gênero e classe. Era preciso considerar as diferentes manifestações do racismo e de um devir-negro a partir da interseccionalidade, em termos de um racismo estrutural e colonial do contexto político e econômico particular que organiza nossa sociedade: capitalismo e neoliberalismo.

No livro *O racismo e o negro no Brasil: questões para a Psicanálise*[8], há diversos textos e autores que abordam a maneira como o nosso país enfrenta o preconceito e o racismo. Aqui, usa-se como justificativa para expressar o preconceito ao negro a falácia de que nossa discriminação seria "apenas" social. Nas palavras de Heidi Tabocof: "Qual é o lugar dos negros no Brasil quando conseguem romper as amarras do jugo social, intelectual e econômico?"[9]. Assim, levei em consideração o que se denomina "preconceito em seu sentido amplo", como as manifestações violentas que tocam as questões raciais, das mulheres, dos homossexuais, dos imigrantes etc., que, combinando-se a outros elementos, segregam e fazem sofrer.

Vivemos em um país que exclui, onde as diferenças sociais são enormes[10]. Conforme estudo divulgado pelo Instituto Brasileiro de Geografia e Estatística [IBGE], a concentração de renda aumentou em 2018 no Brasil: o rendimento médio mensal da

---

[8] KON, Noemi Moritz et. al (org.). *O racismo e o negro no brasil: questões para psicanálise*. São Paulo: Perspectiva, 2017.

[9] *Idem*, p. 54.

[10] GOMES, Irene & MARLI, Mônica. "IBGE mostra as cores da desigualdade". In: *Agência do IBGE; Revista Retratos*, 11 de maio de 2018. Disponível no endereço: https://agenciadenoticias.ibge.gov.br/agencia-noticias/2012-agencia-de-noticias/noticias/21206-ibge-mostra-as-cores-da-desigualdade. Acessado em 17 de fevereiro de 2023.

população mais rica foi quase 34 vezes maior que o da parcela mais pobre[11]. Essa diferença produz efeitos: repercute na classe econômica menos favorecida, cujos membros passam a ser classificados como "bandidos" nos discursos de ódio, o que justifica, segundo esse discurso, as práticas de morte vigentes.

EM UM CURTO espaço de tempo, mergulhamos em paradoxos: por um lado, havia a decisão da Suprema Corte do país que passava a garantir o acesso ao direito de ter um nome que não seja constrangedor e que esteja de acordo com o gênero com o qual o sujeito se identifica[12]; por outro, simultaneamente, país era invadido por uma tendência conservadora, com manifestações agressivas contra as populações mais vulneráveis[13]. Em seguida, ações políticas contra o isolamento social, aliadas à precária realidade social brasileira, expunham centenas de milhares de cidadãos à morte. Quero salientar que os discursos de ódio, as manifestações agressivas vociferadas por alguns daqueles que

---

[11] GERBELLI, Luiz Guilherme. "Concentração de renda volta a crescer no Brasil em 2018, diz IBGE". In: *G1 — Globo*, 16 de outubro de 2019. Disponível no endereço: https://g1.globo.com/economia/noticia/2019/10/16/concentracao-de-renda-volta-a-crescer-no-brasil-em-2018-diz-ibge.ghtml. Acessado em 17 de fevereiro de 2023.

[12] Essa pesquisa foi inicialmente impulsionada pela intenção de estudar a transexualidade, bem como a possibilidade de o sujeito transexual exercer seus direitos em nossa sociedade. Em decisão histórica, de 2018, o Supremo Tribunal reafirmou o direito de transgêneros de alterar o registro civil sem mudança de sexo. A notícia pode ser consultada em: https://portal.stf.jus.br/noticias/verNoticiaDetalhe.asp?idConteudo=386930, acessado em 15 fevereiro de 2023.

[13] FIGUEIREDO, Luís Cláudio & MINERBO, Marion. "Pesquisa em psicanálise: algumas idéias e um exemplo". In: *Jornal de Psicanálise*, 39(70), 2006, p. 257-278. Disponível no endereço: http://pepsic.bvsalud.org/scielo.php?script=sci_arttext&pid=S0103-58352006000100017&lng=pt&tlng=pt. Acessado em 17 de fevereiro de 2023.

ocuparam cargos de governo em nosso país, assim como as inúmeras postagens nas redes sociais, não podem ser consideradas palavras sem consequências. Para a psicanálise a fala tem sempre seus efeitos, há que considerá-los. A que faço referência? Aos efeitos que vão além das vítimas das injúrias. Quando alguém diz "bandido bom é bandido morto" ou "prefiro ter um filho morto a um filho *gay*", tais discursos repercutem, ecoam, justificando e autorizando uma série de atos, tanto de ordem pública quanto de ordem privada. É nesse sentido que o nome, aqui, passa a habitar outros espaços: não somente como forma de um direito e reconhecimento social, mas também como manifestação de diferentes tipos de preconceito. De um nome próprio, comecei a deslizar para nomes identitários (*gays*, negros, índios, mulheres, entre outros) que marcavam grupos e diferentes formas de violência contra eles destinadas. Então, passei a movimentar-me em direção a distintas formas de nomear — uma estratégia que marca condições de subalternização e violência em nossa sociedade, a constituição de um devir-negro.

Manifestações com conteúdo violento ou preconceituoso sempre ocorreram na história de nosso país. O racismo e a colonialidade são elementos que formaram a sociedade brasileira, como explicarei mais adiante. O racismo e a colonialidade foram estudados e apresentados, ao longo do século XX, por ativistas, escritoras, escritores, intelectuais na Academia e artistas, entre outros, como uma das dimensões incontornáveis para compreendermos o nosso presente.

Ainda que haja uma denúncia insistente de que nossa sociedade é racista, é crucial compreender como se dá esta duplicidade entre exaltação e negação do racismo e do próprio devir-negro. Ainda que saibamos que o preconceito existe desde muito tempo, na atualidade ele ganha novas formas de expressão

A MARCA DE UMA CENA

e publicidade, adquirindo uma dimensão que ultrapassa as fronteiras político-territoriais quando é explicitado em redes sociais e exposto na internet. Mesmo quando é explicitamente exaltado, mecanismos de negação proporcionam que o racismo e o preconceito não sejam considerados como tais.

Sou psicanalista. Pensando em como a psicanálise pode fazer aliança com um pensamento sobre o racismo, considerado elemento estrutural na sociedade brasileira, impôs-se o desejo de estudar o preconceito, suas manifestações e expressões. Desde o início do estudo que resultou nas páginas que são agora compartilhadas com vocês, fui acompanhada pela psicanálise não somente como teoria, mas principalmente como ética que me guia.

A psicanálise surge com o estudo do feminino, mais especificamente, das mulheres histéricas. Escutando mulheres, até então totalmente desprestigiadas e sem assistência, Freud elaborou sua teoria. O inconsciente foi descoberto e, a partir daí, a proposição psicanalítica foi desenvolvida. Desde sua escuta clínica, Freud formulou toda sua prática analítica, mas também pôde refletir sobre a relação entre os homens para além das paredes do consultório, na sociedade. Para psicanálise, o sujeito é inseparável de seu coletivo.

Na introdução de seu escrito "Psicologia das massas e análise do eu", Freud escreveu que o sujeito, suas questões pessoais, sua forma de ser e estar no mundo constitui o social[14]. Ele não avaliava o sujeito ou o social como instâncias separadas. Para o criador da psicanálise, não é possível dissociá-las. Pela escuta de cada um é possível compreender o contexto social no qual

---

[14] FREUD, Sigmund. (1921) "Psicologia das massas e análise do eu e outros textos". *Obras completas, vol. XV*. Trad. Paulo César de Souza. São Paulo: Companhia das letras, 2011

PSICANÁLISE E NECROPOLÍTICA NO BRASIL

o sujeito está inserido. Dessa forma, foi impossível fechar os ouvidos e excluir as falas próprias a cada sujeito dessa pesquisa. A relação entre os sujeitos foi tratada por Lacan, no decorrer de seu ensino, com o termo laço social. Pode-se, então, afirmar que há laços sociais que são construídos pelos sujeitos em torno de um preconceito compartilhado. Como esse enlaçamento se dá? Como conseguimos compreender esse fenômeno?

O DISCURSO PRECONCEITUOSO
– APENAS PALAVRAS?

DESDE A CRIAÇÃO DA PSICANÁLISE, Freud[1] privilegiou a fala, propondo que o sujeito colocasse algo do seu inconsciente em palavras por meio da associação livre, o que levaria o analisando a evitar o gozo puro do ato. Poderíamos pensar que quando algum impulso agressivo ou violento é satisfeito simbolicamente — por meio de palavras, falas ou ditos —, e não de maneira concreta — por ações ou agressões físicas —, isso seria uma forma mais elaborada e menos primitiva de satisfação? Colocar em palavras, simbolizar, evitaria o ato? Colocar em ato ou atuação, para a psicanálise, ocorre quando uma ação impulsiva surge como substituta de um conteúdo inconsciente que não conseguiu ser verbalizado. Como não foi verbalizado, não há elaboração, o que favorece que mais atos ou atuações aconteçam. Não haveria atuação no discurso?

A partir de uma dimensão pública, os discursos preconceituosos passam a ter um *status* de atos ou atuações. A cultura do espetáculo nas redes sociais faz com que o argumento de que esses atos de violência seriam apenas um direito de livre manifestação ou ofensa individual se torne uma falácia, visto que tais atos violentos se constituem em uma dimensão coletiva, afetando um número incontável de pessoas. Em outras palavras, a ofensa a um negro, uma mulher ou um homossexual na internet, de certa forma, atinge todos os negros, mulheres ou

---

[1] FREUD, Sigmund. (1895) Estudos sobre a histeria. In: FREUD, Sigmund. Estudos sobre a Histeria. *Obras Completas, vol. II.* Trad. Paulo César de Souza e Laura Barreto. São Paulo: Companhia das letras, 2016.

homossexuais. O que estou querendo evidenciar é que, quando uma fala preconceituosa ganha dimensão mundial, ela é mais do que "apenas" palavras, ou seja, ela ganha a dimensão de ato, um ato violento e discriminatório, o que torna mais relevante nossa discussão. Um pouco adiante, abordo de maneira mais ampla o que chamo de "exaltação dos discursos preconceituosos na atualidade". Entendo que expressões racistas, ofensas ou injúrias sempre existiram, não são eventos novos; porém, com a publicidade, adquirem uma gravidade maior.

Além disso, como evidenciado por Grada Kilomba, a escravização, o colonialismo e o racismo cotidiano necessariamente contêm o trauma de um evento de vida intenso e violento, evento para o qual a cultura não nos fornece equivalentes simbólicos e aos quais o sujeito é incapaz de responder adequadamente[2].

Dessa forma, uma fala racista é sempre sentida como um susto, algo que surpreende, mesmo que seja estrutural e aconteça de forma cotidiana. A falta de elementos simbólicos para responder à violência do preconceito cotidiano, conforme apregoado por Kilomba, aliada ao momento em que o Brasil se encontra, no qual o racismo traumático e um devir-negro, paradoxalmente, se tornou um ideal de alguns grupos, motivou minha pesquisa.

Outro aspecto relevante das manifestações públicas das atuações preconceituosas é a imediata desconsideração do que foi dito ou praticado. Quando há uma ofensa pública a alguém, essa ofensa é imediatamente desconsiderada ou tratada como uma brincadeira. Muitas vezes, o racismo ou atos de violência ocorrem justamente com sua subsequente negação, ou, ao

---

[2] KILOMBA, Grada. *Memórias da plantação — Episódios de racismo cotidiano*. Rio de Janeiro: Cobogó, 2019, p. 214.

contrário, uma fala racista e violenta muitas vezes pode ser dita de maneira clara nas redes sociais.

O racismo pode ser manifestado de diversos modos e tem muitas formas de exercício em nossa sociedade. Apesar de um conjunto de lutas sociais e jurídicas ao longo do século XX que tomaram forma para controlar/mitigar os efeitos do racismo, este veio a intensificar-se nos últimos anos. Quando se mostra o racismo, acaba-se por escondê-lo; quando se esconde o racismo, acaba-se por mostrá-lo. A negação da condição de racismo torna possível a intensificação de práticas de preconceito, exercidas de várias maneiras e atingindo um enorme contingente de indivíduos. Pode-se dizer que ocorre, sim, uma negação generalizada de formas segregativas e violentas. Por outro lado, há uma explicitação do preconceito por meio de um discurso agressivo que circula tanto socialmente quanto na internet. Trata-se do que chamei de "mostra-esconde" do devir-negro no Brasil, situação que permite que, quando uma manifestação preconceituosa ou de qualquer forma agressiva é claramente expressa, as palavras sejam imediatamente desculpadas, desconsideradas.

Entender o preconceito não é uma tarefa fácil, tampouco inédita. Há na literatura, bem como na música, no teatro e na academia, diversas discussões que têm apontado, analisado e, ao mesmo tempo, denunciado diferentes formas de racismo que organizam nossa sociedade.

Foucault, em 1972, em seu livro *História da loucura*, já estudava e denunciava as formas e estruturas de exclusão de pessoas que, de alguma maneira, não correspondiam ao ideal da sociedade:

> Desaparecida a lepra, apagado (ou quase) o leproso da memória, essas estruturas permanecerão. Frequentemente nos mesmos locais, os jogos da exclusão serão retomados, estranhamente semelhantes aos primeiros, dois ou três séculos mais tarde.

Pobres, vagabundos, presidiários e "cabeças alienadas" assumirão o papel abandonado pelo lazarento, e veremos que a salvação se espera dessa exclusão, e para aqueles que os excluem.[3]

Com Foucault, percebe-se que a distinção entre loucura e sanidade existe a partir de uma construção social. Os sujeitos ditos "normais" estabelecem o que é aceitável ou normal, excluindo e regulando o que, por qualquer motivo, não seja assim considerado. Com essas classificações, ocorre uma rotulação e, com ela, o pertencimento ou não a determinadas categorias, assim desencadeando processos de distinção, separação e exclusão. Da mesma maneira como ocorreu com a criação do louco e da loucura, criamos e continuamos a criar formas de discriminação e exclusão na atualidade, o que inclui o racismo e preconceitos contra homossexuais e mulheres, dentre outros grupos.

No dia 13 de maio de 1888, sancionada pela Princesa Isabel, a Lei aboliu a escravidão, depois de mais de 300 anos no país. Eis o preceito legal: "Não há mais escravos no Brasil, revogam-se as posições em contrário"[4]. Com essa norma curta, o Brasil foi o último país do Ocidente a abolir a escravização. Em reportagem para a BBC, a historiadora Lilia Schwarcz esclarece que não houve nenhuma indenização ou processo de inclusão dos ex-escravizados na sociedade, o que nos afeta até hoje. Além do mais, a abolição da escravização foi consequência de uma luta de anos, e não uma decisão benevolente de uma princesa. Parte da

---

[3] FOUCAULT, Michel. *História da loucura na Idade Clássica*. Trad. J. T. Coelho Neto. São Paulo: Perspectiva, 2008, p. 6.

[4] SCHWARCZ, Lilia Moritz. "Brasil viveu um processo de amnésia nacional sobre a escravidão, diz historiadora". Entrevista concedida a Júlia Dias Carneiro. In: *BBC News Brasil*, 10 de maio de 2018. Disponível no endereço: https://www.bbc.com/portuguese/brasil-44034767. Acessado em 17 de fevereiro de 2023.

sociedade brasileira da época também teve papel importante, com participação tanto de quem entendia que a escravização seria contraproducente em uma República, quanto de defensores de direitos humanos, que acabaram por fazer alianças e participar dos movimentos abolicionistas. Desse modo, por distintas razões, houve certa adesão à causa, além da atuação determinante daqueles ainda escravizados e dos já libertos, que muitas vezes lutavam tendo a própria vida como arma em busca da liberdade[5].

Neste trabalho, intenciono discutir e evidenciar como o racismo percebido em manifestações e discursos preconceituosos, presentes em nossa sociedade desde o início do processo de colonização, hoje se atualizam com "autorização ruidosa", utilizando as palavras de Djamila Ribeiro no programa *Roda Viva*[6]. Esse ruído que autoriza endureceu durante o mandato presidencial que terminou em dezembro de 2022, com políticas antimulheres, antinegros e anti-indígenas. Proponho uma discussão sobre a forma como lidamos com nossas mazelas enquanto nação, muitas vezes utilizando-nos da negação e não encarando a realidade, ainda que ela se manifeste nitidamente.

Discutir o preconceito a partir da condição do racismo sob o viés psicanalítico não é usual no Brasil. No período que vai de 2010 até 2019, constam no *site* da Biblioteca Virtual de Saúde 28 teses de doutorado tendo o tema *racismo* no título, no resumo ou no assunto. No mesmo período, *racismo* e *psicanálise* constam em somente duas teses, o que aumentou meu interesse em estudar algo tão complexo, além de apontar a importância de trazer a temática para que se pense a própria psicanálise

---

[5] *Idem, ibidem.*
[6] RODA VIVA com Djamila Ribeiro, 9 de novembro de 2020 [Vídeo]. YouTube. Disponível no endereço: https://www.youtube.com/watch?v=jn1AtnzTql8. Acessado em 17 de fevereiro de 2023.

na atualidade, reafirmando seu compromisso com as pautas do nosso presente. Isso especialmente porque alguns autores e autoras que discutem o racismo o fazem por meio da psicanálise — como Frantz Fanon, Grada Kilomba e Lélia Gonzalez —, indicando o racismo como uma categoria de análise fundamental para a compreensão das diferentes formas de colonização e colonialidade de corpos, sujeitos, sociedades. As questões atuais e as transformações do mundo não são indiferentes ao psicanalista, pois este, segundo Lacan, não deve ficar alheio às mazelas de seu tempo[7]. Ao contrário, a psicanálise tem um papel importante na compreensão dos problemas de nossa época: "Que antes renuncie a isso, portanto, quem não conseguir alcançar em seu horizonte, a subjetividade de sua época"[8].

A complexidade do tema exigiu-me percorrer vários caminhos; para tanto, utilizei alguns instrumentos como guias em minha condução. O primeiro instrumento intercessor que empreguei foi a arte, mais especificamente, a música, pois acredito, como preconizava Freud, que o artista antecipa a psicanálise[9]. Por meio da nossa música, pude refletir sobre a nossa realidade. Além disso, escolhi a música dentre todas as formas de expressão artística por opção particular, uma vez que se trata da maneira pela qual me sinto tocada e consigo perceber-me e perceber a realidade.

---

[7] LACAN, Jacques. (1953) "Função e campo da fala e da linguagem da linguagem em psicanálise". In:
LACAN, Jacques. *Escritos.* Trad. Vera Ribeiro. Rio de Janeiro: Jorge Zahar Editor, 1998.

[8] *Idem*, p. 322.

[9] FREUD, Sigmund. (1930) "O mal-estar na civilização". In: FREUD, Sigmund. *O mal-estar na civilização, novas conferências introdutórias à psicanálise e outros textos. Obras completas, vol. XVIII.* Trad. Paulo César de Souza. São Paulo: Companhia das letras, 2010.

Trabalhei também buscando a articulação da realidade brasileira com autores decoloniais/pós-coloniais, especialmente Frantz Fanon e Achille Mbembe, por entender que esse tipo de análise é obrigatório na discussão do preconceito, além de a densidade da filosofia africana possibilitar a compreensão de nossa realidade com base em certas características que o Brasil apresenta. Esses autores abordam bem a figura do negro como estranho, estrangeiro, aquele que não é aceito, algo que também trabalho. Estão presentes, ainda, algumas autoras já citadas, como Angela Davis, Djamila Ribeiro e Grada Kilomba, importantes na apreensão dos temas trabalhados que contribuíram de maneira fundamental na discussão sobre segregação e preconceito.

Também utilizei estudos de Sigmund Freud e Jacques Lacan para a compreensão do sujeito do inconsciente. Na linha dos pensadores indicados anteriormente e de alguns dos seus seguidores brasileiros, estudei o preconceito que se apresenta na linguagem, nas palavras pensadas em sua incompletude, além do recalque e os ideais na composição do racismo. Fizeram parte da pesquisa também a negação e a exaltação do preconceito formador do laço social e como a psicanálise entende a segregação e a hostilidade em nossa realidade. Além disso, pensei nas manifestações artísticas e como estas podem contribuir com as discussões. Com esse intento, tratei a arte como instrumento subversivo de denúncia ou como forma de sublimação.

Ao apontar que o racismo é parte fundante de nossa sociedade, por que refletir sobre suas formas a partir do preconceito e da segregação? Este trabalho aciona um exercício necessário de desnaturalização para compreender como nos tornamos o que somos e, especialmente, para considerar que, pela desnaturalização, é possível problematizar o racismo não como algo dado, mas como algo permanentemente investido e mantido, apesar de todos os seus efeitos em termos de violência, sofrimento, extermínio. Trata-se de uma maneira de insistir que, mesmo sendo processos de constituição de nossas formas de "civilização", o racismo e a segregação devem ser combatidos.

Para a compreensão das formas de civilização, ou seja, do laço social, busquei pensar a partir de uma identificação com um ideal e o consequente sentimento de pertencimento a determinados lugares, grupos ou indivíduos. Há um componente identificatório que ao mesmo tempo funda o laço social e constitui a segregação. Percebe-se que a agressividade e a hostilidade são direcionadas para quem de alguma maneira é feito diferente ou estranho.

Trabalho também relatos retirados da internet, envolvendo cenas cotidianas e manifestações de pessoas, sejam elas públicas ou anônimas. A intenção foi de que essas cenas ou depoimentos publicados fossem percebidos como um extrato de nossa realidade, como algo que tem produzido nossa atualidade, constituindo os acontecimentos de nosso tempo, para que eu pudesse compreendê-los melhor. Esses materiais são parte de um conjunto de relações que produzem aquilo que, enquanto nação, tomamos hoje como realidade e que, portanto, nos constitui. A psicanálise permite que compreendamos esse conjunto de relações como as formas a partir das quais nos enlaçamos na cultura e como se fazem os planos de realidade que a compõem.

Meu trabalho tem o objetivo de refletir sobre a emergência de diferentes formas de preconceito, violência e exclusão das chamadas minorias, como homossexuais, transexuais, negros e mulheres, ou seja, aqueles que de qualquer modo são marginalizados[10]. Nele, discuto preconceito, segregação, ausência de

---

[10] PINTO, Ana Estela. "Para 9 entre 10, violência contra mulheres aumentou, diz Datafolha". In: *Folha de São Paulo*, 14 de abril de 2019. Disponível no endereço: https://www1.folha.uol.com.br/cotidiano/2019/04/para-9-entre-10-violencia-contra-mulheres-aumentou-diz-datafolha.shtml?origin=uol. Acessado em 17 de fevereiro de 2023.

direitos e extermínio de certas vidas; para tanto, faço uso da epistemologia psicanalítica. Entendendo a amarração entre teoria, clínica aos contextos sociais e temporais nos quais os indivíduos estão inseridos, investigo os efeitos das transformações de nosso tempo, de nossa cultura, e como isso repercute nos processos de subjetivação e nas formas de sofrimento na atualidade. Dou ênfase ao inconsciente em suas manifestações, conjugado com a realidade do Brasil.

Conforme Dunker, Paulon e Milán-Ramos explicam,

> a pesquisa em psicanálise pode ser mais bem fundamentada e justificada em termos universitários se a considerarmos, ela mesma, como uma forma de análise do discurso; e se, ao mesmo tempo, praticarmos um tipo de reflexão metodológica necessária para empregar noções provenientes das ciências da linguagem. Como já foi argumentado acima, não foi isso, afinal, que Lacan realizou ao trazer para a psicanálise noções e conceitos que lhe eram inicialmente estranhos, como significante, letra, enunciação, discurso e dizer? Contudo, isso requer uma consideração sobre o lugar da pesquisa universitária.[11]

Freud foi o primeiro a formular uma pesquisa em psicanálise, utilizando o método psicanalítico como base; com isso, criou uma nova maneira de entendimento do pensamento ocidental[12]. Lacan, em sua "Proposição de 9 de outubro de 1967", ao tratar

---

[11] DUNKER, Christian; PAULON, Clarice & MILÁN-RAMOS, J. Guillermo. *Análise psicanalítica de discursos: perspectivas lacanianas*. São Paulo: Estação das Letras e Cores, 2016, p. 32.

[12] FREUD, Sigmund. (1895) "Estudos sobre a Histeria." In: FREUD, Sigmund. *Estudos sobre a Histeria. Obras Completas, vol. II*. Trad. Paulo César de Souza e Laura Barreto. São Paulo: Companhia das letras, 2016.

de sua Escola, denomina de *psicanálise em extensão* (fora da clínica), diferenciando-a da *psicanálise em intensão* (a experiência do divã), ou seja, na sua prática clínica. Ele diz: "Psicanálise em extensão, ou seja, tudo o que resume a função de nossa escola como presentificadora da psicanálise no mundo"[13]. Por meio da psicanálise em intensão, é possível que se pratique a psicanálise em extensão[14]. É nesse sentido que se estrutura este trabalho, utilizando-se a psicanálise na compreensão do objeto de estudo: o preconceito em nossa atualidade.

RACISMO ESTRUTURAL

O viés que escolhi para iniciar as discussões sobre o preconceito foi o racismo, porém, considerando-o nos seus desdobramentos em termos de um devir-negro no qual não apenas corpos racializados são violados. Levo em consideração as interseccionalidades que vão compondo diferentes corpos e existências. A desigualdade racial no Brasil é evidente e incontestável, mas, pela colonialidade, outras dimensões de corpos e existências são também subalternizados, principalmente quando se leva em conta o risco de morrer que um jovem negro e periférico, por exemplo, corre neste país, indício de uma necropolítica, ou seja, formas de extermínio de certas vidas. A população negra é a mais afetada pela violência, especialmente mulheres negras e mulheres trans

---

[13] LACAN, Jacques. (1967) "Proposição de 9 de outubro de 1967". In: LACAN, Jacques. *Outros escritos*. Trad. Vera Ribeiro: Rio de Janeiro: Jorge Zahar Editor, 2003, p. 251.

[14] FIGUEIREDO, Luís Cláudio & MINERBO, Marion. "Pesquisa em psicanálise: algumas idéias e um exemplo". In: *Jornal de Psicanálise*, 39(70), 2006, p. 257-278. Disponível no endereço: http://pepsic.bvsalud.org/scielo.php?script=sci_arttext&pid=S0103-58352006000100017&lng=pt&tlng=pt. Acessado em 17 de fevereiro de 2023.

negras. O estudo realizado pelo Instituto de Pesquisa Econômica Aplicada e pelo Fórum Brasileiro de Segurança Pública, publicado em 2017, o *Atlas da violência*[15], que analisa as taxas de homicídios no país entre 2005 e 2015, mostra que jovens negros são as principais vítimas de violência no país. A cada 100 pessoas assassinadas no Brasil, 71 são negras. De acordo com o *Atlas*, os negros têm 23,5% mais chances de serem assassinados no Brasil, comparados com as populações não negras.

Mesmo com dados tão expressivos, ou em razão deles, muitas vezes, nós, como nação, lidamos com nosso preconceito de maneira velada, silenciando o sofrimento da população negra. Um fato que dá visibilidade a essa afirmação pode ser acompanhado quando o controle jurídico das manifestações racistas é tomado como uma forma de cerceamento de liberdade daquele que expressa o racismo, e não como um elemento que faz parte das políticas de morte, as justifica e as constitui. O racismo e um devir-negro estão presentes em nosso cotidiano, em nossos consultórios, em nossa clínica, em nossa cultura; portanto, faz-se necessário pensar o racismo como aquilo que organiza nossa sociedade, de modo a compreender as formas de enlace do preconceito, considerando que não se trata apenas da racialização de corpos, mas também das dimensões de gênero e de classe social.

O preconceito que constitui nossa cultura persiste, inclusive, quando uma pessoa pertencente às denominadas minorias ganha um prêmio ou assume uma posição de destaque no tecido social. Quando isso ocorre, a tendência é relacionar a ascensão

---

[15] IPEA - Instituto de Pesquisa Econômica Aplicada & FBSP — Fórum Brasileiro de Segurança Pública. In: *Atlas da violência 2017*. Rio de Janeiro: IPEA — Instituto de Pesquisa Econômica Aplicada/FBSP — Fórum Brasileiro de Segurança Pública, 2017. Disponível no endereço: http://www.ipea.gov.br/atlasviolencia/download/2/atlas-2017. Acessado em 17 de fevereiro de 2023.

social a uma excepcionalidade, como algo extraordinário ou fruto de um esforço que beira o heroísmo. Quando algo é exceção, concorre para confirmar a regra. Nesse sentido, a premiada escritora Conceição Evaristo, em uma entrevista concedida à revista *Periferia*, fala:

> Então, temos que ter muito cuidado para ler as excepcionalidades, para não ficar batendo palma e deixar de se perguntar o que existiu atrás disso. Eu sei que quando se louva a excepcionalidade demais ou quando faz uma figura excepcional, retira-se essa pessoa do coletivo, destaca-se essa pessoa e esquece-se toda a coletividade e eu não quero ser retirada do coletivo.[16]

O que ocorre quando se retira alguém do coletivo? Quando se considera uma exceção sem colocar em análise os motivos pelos quais ela ocorre, reitera-se um discurso de responsabilidade individual pela própria exclusão, e é fomentada a ideia de que os indivíduos que se esforçam conseguem superar as dificuldades. Mais ainda, alimenta-se a visão que se tem de determinados grupos, o que se constitui como mais uma das maneiras de não se considerarem as diferentes práticas segregativas e racistas em nossa sociedade. O discurso da meritocracia serve, pois, ao capitalismo, que atinge os brancos, mas principalmente os negros.

O fato de o racismo estar presente não significa que ele é enfrentado de forma direta; ao contrário, quando racismo é praticado, é também negado, ou seja, ao mesmo tempo em que é negado, é exaltado. Intriga-me a ausência de uma construção

---

[16] EVARISTO, Conceição. "Conceição Evaristo: imortalidade além de um título" Entrevista concedida a Ivana Dorali. In: *Revista Periferias*, julho de 2018. Disponível no endereço: https://revistaperiferias.org/materia/conceicao-evaristo-imortalidade-alem-de-um-titulo/. Acessado em 17 de fevereiro de 2023.

PSICANÁLISE E NECROPOLÍTICA NO BRASIL

narrativa que possa barrar essa prática, bem como a possibilidade de o discurso racista circular nas redes sociais ou na internet.

Há uma transmissão de formas racistas e segregativas que continuam a ocorrer de maneira contínua, construindo um ideal social. O preconceito, quando entendido a partir do racismo e da colonialidade, envolve atitudes eminentemente humanas, sendo que um grupo se afirma pela exclusão de outro, tornado diferente. Para tanto, além de autores que estudam o preconceito e o racismo, fez-se também necessário o entendimento do eu para a teoria analítica. Apesar de ter sido objeto de reflexões anteriores, o eu movido pelo inconsciente foi abordado de maneira inaugural na teoria de Freud[17]. A ideia que se tinha até então foi totalmente alterada pela psicanálise, mudando radicalmente a concepção existente até o momento. Pelo pensamento cartesiano, anuncia-se: "Estou penso — Por pensar eu sou"[18], indicando o eu como sendo da razão e da consciência.

Sigmund Freud, para formular sua teoria, o faz de maneira similar à de René Descartes, por levar em consideração também o pensamento, mas o pensamento inconsciente. Ele assegura que o sujeito está onde vacila, onde há dúvida. "De maneira exatamente análoga, Freud, onde duvida — pois enfim são seus sonhos, é que ele que de começo, duvida — está seguro de que um pensamento está lá, pensamento que é inconsciente, o que quer dizer que se revela como ausente"[19].

---

[17] FREUD, Sigmund. (1915) "O inconsciente" In: FREUD, Sigmund. *Introdução ao narcisismo: ensaios de metapsicologia e outros textos".Obras completas, vol. XII*. Trad. Paulo César de Souza. São Paulo: Companhia das letras, 2010.
[18] QUINET, Antonio. *A descoberta do inconsciente: do desejo ao sintoma.* Rio de Janeiro: Jorge Zahar Editor, 2000, p. 11.
[19] LACAN, Jacques. (1964) *O seminário, livro 11: Os quatro conceitos fundamentais da psicanálise..* Trad. M. D. Magno. Rio de Janeiro: Jorge Zahar Editor, 2008, p. 42.

"Sou ou não sou racista?". O "eu" é movido pelo inconsciente; portanto, as razões inconscientes devem ser levadas em consideração para podermos entender a hostilidade entre as pessoas. Em "ser ou não ser", dilema hamletiano usado por Lacan em seu Seminário 6, *O desejo e sua interpretação*[20], o autor indica que, ao contrário da filosofia, em que o sujeito pensa estar onde ele pensa, para a psicanálise, o sujeito está onde justamente onde ele não pensa.

> O sujeito na filosofia tradicional subjetiva a si mesmo indefinidamente. Se sou porque penso, sou porque penso que sou, e assim por diante — não existe motivo para que isso pare. Já tinha percebido que não é tão certo que eu seja porque penso que sou. Isso, com certeza. Só que o que a análise nos ensina é completamente diferente. É justamente, eu não sou este que está pensando que sou, pela simples razão de que, pelo fato de eu pensar que sou, penso no lugar do Outro. Disso resulta que sou diferente daquele que pensa Eu sou.[21]

Negar a condição racista/colonial ao mesmo tempo em que o racismo/colonialidade está na linguagem, no sentido de que se usam expressões ou falas dessa ordem, faz parte deste "Sou ou não sou racista". Trabalho com falas, discursos e manifestações que, de qualquer modo, são agressivas ou preconceituosas, que sempre existiram, mas que emergiram com mais intensidade recentemente no país. Portanto, é necessário que entendamos os mecanismos inconscientes inerentes a toda e qualquer comunicação possível, partindo do preceito lacaniano

---

[20] LACAN, Jacques. (1958-1959) *O seminário, livro 6: O desejo e sua interpretação*. Trad. Claudia Berliner. Rio de Janeiro: Jorge Zahar Editor, 2016.

[21] *Idem*, p. 322.

do inconsciente estruturado como uma linguagem e desta, de acordo com Grada Kilomba, como forma de manutenção e fixação de relações de poder[22].

Não é a minha intenção, no presente trabalho, analisar a situação política global, tampouco fazer crítica a determinado governo. Mencionei tais problemáticas nesta introdução apenas para contextualizar o momento do nascimento da tese, que está na origem deste livro, tendo em conta os acontecimentos de sua época. Meu trabalho versa sobre as questões brasileiras, de modo que analisei a nossa forma de encarar o preconceito, a nossa forma de praticar ações segregativas e como a psicanálise pode contribuir com essas discussões. É inegável que a pesquisa acontece em determinado tempo; portanto, minha finalidade é registrar aqui o tempo de minha produção.

Assim, os acontecimentos da época da escrita impulsionaram o trabalho, também dificultaram o caminhar da pesquisa. O Brasil foi um dos países mais atingidos pela Covid-19, e contamos centenas milhares de mortos, com um número incalculável de contaminados. O luto, muitas vezes, dificultou a escrita. Simultaneamente, em nosso país, direitos conquistados em muitos anos de batalhas e lutas sociais foram ameaçados ou efetivamente perdidos. Porém, apesar das dificuldades, segui.

Há outros elementos fundamentais na composição do trabalho. Dois deles, de maneiras distintas, foram importantes desde a concepção da tese, mas no momento os tratarei conjuntamente. Como mencionei, o trabalho foi marcado pela presença e análise de algumas músicas brasileiras, dando evidência para

---

[22] KILOMBA, Grada. *Memórias da plantação — Episódios de racismo cotidiano.* Rio de Janeiro: Cobogó, 2019.

sua importância no entendimento de questões atuais; aqui são consideradas como uma possibilidade de denúncia da realidade ou como uma forma de sublimação. O segundo elemento é a minha condição de mulher, que se apresenta marcada na história e na escrita do texto que segue.

O que significa "ser mulher"? A partir dessa interrogação, abrem-se alguns caminhos, desde a possibilidade de cultuá-la como um enigma a ser decifrado, até o ódio à mulher, tida enquanto Outro, o hétero por essência. Freud, em 1926, considera que "também a vida sexual da mulher adulta é um *dark continent* (continente escuro ou negro) para a psicologia"[23]. A experiência da alteridade talvez traga consigo uma sensibilidade para a percepção da violência das diversas formas de segregação, o que me impulsionou a discutir o assunto aqui, mas sem esquecer que sou uma mulher branca disposta a discutir, a partir do meu olhar e da minha vivência, as estruturas sociais que por essência são racistas.

Quanto ao outro elemento, as músicas, dediquei-me mais especificamente à análise de algumas músicas de compositores e intérpretes de grande relevância em nosso país. Nesta introdução, peço licença para abrir uma exceção, pois desta vez faço uso de uma canção internacional para iniciar as discussões. Escolhi uma composição de John Lennon e Yoko Ono, denominada "*Woman is the Nigger of the World*", ou "a mulher é o negro do mundo"[24].

---

[23] FREUD, Sigmund. (1926) "Sintoma, inibição e angústia". In: FREUD, Sigmund. *Inibição, sintoma e angústia, O futuro de uma ilusão e outros textos (1926-1929) — Obras completas, vol. XVII*. Trad. Paulo César de Souza. São Paulo: Companhia das letras, 2014, p. 164.

[24] Escolhi essa canção por considerar importante a percepção da mulher como vítima de preconceito, mas entendo que a população negra em geral, em especial a mulher negra são alvos das maiores violências.

A mulher é o negro do mundo
Sim, ela é,
Pense nisso
A mulher é o negro do mundo
Pense nisso
Faça algo contra isso
Nós a fazemos pintar o rosto e dançar
Se ela não quer ser nossa escrava, dizemos que não nos ama
Se ela é sincera, nós dizemos que ela está tentando ser
um homem
Enquanto a botamos para baixo, fingindo que ela está acima
de nós
A mulher é o negro do mundo,
Sim, ela é
Se não acredita em mim,
Olhe para a que está com você
A mulher é escrava dos escravos
Ah, melhor gritar isso
Nós a fazemos parir e criar nossos filhos
E depois a deixamos feito uma velha e gorda mãe galinha
Nós dizemos a ela que o único lugar onde ela deveria estar é
em casa
E depois reclamamos que ela é provinciana demais para ser
nossa amiga
A mulher é o negro do mundo,
Sim, ela é
Se não acredita em mim, olhe para a que está com você
A mulher é o escravo dos escravos
Sim. Pense nisso
Nós a insultamos todo dia na TV
E nos perguntamos por que ela não tem coragem e confiança.
Quando ela é jovem, nós matamos seu desejo de ser livre

Enquanto dizemos para ela não ser tão inteligente
A botamos para baixo por ser tão boba.
A mulher é o negro do mundo,
Sim, ela é
Se não acredita em mim, olhe para a que está com você
A mulher é o escravo dos escravos
Sim, ela é
Se você não acredita em mim, é melhor gritar isso
Nós a fazemos pintar seu rosto e dançar.[25]

Lennon e Yoko Ono, na década de 1970, cantavam a mulher como o negro, mostrando que o "continente negro" de Freud ainda se faz presente na atualidade. Ao refletir sobre a canção, vi-me às voltas com mais uma questão. Como utilizar uma música cujo título começa com "A mulher", se "A mulher", para a psicanálise, não existe? Citando Lacan:

> a ser lido não todo, isto quer dizer quando um ser falante se alinha sob a bandeira das mulheres, isto se dá a partir de que ele se funda por ser não-todo a se situar na função fálica. É isto o que define a... a o quê? — a mulher justamente, só que *A* mulher, isto só pode escrever barrando-se o *A*. Não há *A* mulher, artigo definido para designar o universal. [...] por sua essência ela é não toda.[26]

---

[25] ONO, Yoko & Lennon, John. "Woman Is The Nigger Of The World". In: *Some Time in New York City*, 1972 [CD]. Record Plant East. Disponível no endereço: https://www.letras.mus.br/john-lennon/79782/traducao.html. Tradução minha a partir do *website* Letras.mus.br). Acessado em 17 de fevereiro de 2023.

[26] LACAN, Jacques. (1972-1973) *O seminário, livro 20: Mais, ainda*. Trad. M. D Magno. Rio de Janeiro: Jorge Zahar Editor, 2008, p. 78-79, grifos no original.

Para Freud, o inconsciente não conhece o sexo, como também não conhece a morte[27]. Lacan, por sua vez, reafirma a inexistência, no inconsciente, de registro da diferença sexual, marcando a não existência da relação sexual[28]. Citando Serge André:

> Com isso Lacan cria um movimento que desloca a questão da feminilidade do campo do sexo para o campo do gozo: a bissexualidade se torna bi-gozo, o problema sendo, daí por diante, saber se há um gozo a mais além do gozo masculino.[29]

Estranha, louca, hostil, temida, mulher. Tabu desde os homens primitivos, como preconizado por Freud em seu o texto "O tabu da virgindade", de 1917, no qual ele considera a "mulher inteira como tabu", e não só seu primeiro coito. Ao que acrescenta: "Talvez este receio se baseie no fato de que a mulher é diferente do homem, eternamente incompreensível e misteriosa, estranha e, portanto, aparentemente hostil"[30]; esse elemento de estranheza compõe-se no preconceito. O tornar outro é uma produção da linguagem, que, quando entendida como forma de fixação e manutenção de relações de poder, parte

---

[27] FREUD, Sigmund. (1926) A questão da análise leiga. In: FREUd, Sigmund. *Inibição, sintoma e angústia, O futuro de uma ilusão e outros textos (1926-1929) — Obras completas, vol. XVII.* Trad. Paulo César de Souza. São Paulo: Companhia das letras, 2014.

[28] LACAN, Jacques. (1972-1973) *O seminário, livro 20: Mais, ainda.* Trad. M. D Magno. Rio de Janeiro: Jorge Zahar Editor, 2008, p. 70-83.

[29] ANDRÉ, Serge. *O que quer uma mulher?* Trad. Dulce Duque Estrada. Rio de Janeiro: Jorge Zahar Editor, 2011, p. 30.

[30] FREUD, Sigmund. (1917) "O tabu da virgindade". In: FREUD, Sigmund. *Observações sobre um caso de neurose obsessiva ["O homem dos ratos"], uma recordação de infância de Leonardo da Vinci e outros textos (1909-1910) — Obras Completas, vol. IX.* Trad. Paulo César de Souza. São Paulo: Companhia das letras, 2013, p. 374.

de um referente para a identificação daquilo que difere: homem, branco, hétero, eurocêntrico. Citando Grada Kilomba: "Esse fato é baseado em processos nos quais partes cindidas da psique são projetadas para fora, criando o chamado 'outro', sempre como antagonista do 'eu' (*self*)"[31].

Lacan, em "Para um Congresso sobre a sexualidade feminina", diz que "o homem serve aqui de conector para que a mulher se torne esse Outro para ela mesma, como é para ele"[32]. Ou seja, a mulher é o Outro, o estranho. O preconceito ocorre por aquele outro que de algum modo é diferente, portanto, hostil, o que faz a questão feminina se aproximar da questão racial. Em outras palavras, justamente por não existir, "A Mulher", como nos ensina a psicanálise, pode ser cantada como negro do mundo.

O negro, em todo o trabalho, é abordado em seu sentido amplo, para designar o outro, o que está de alguma maneira à margem, distante do ideal, não se designando de maneira exclusiva a questão racial. O negro aparece na tese a partir da discussão de Achille Mbembe em termos de um devir-negro. O devir-negro de nosso presente não se manifesta somente nas formas de violência em relação a uma raça, mas em diferentes modalidades de um fascismo que passa a compor de maneira intensificada a nossa atualidade.

A mulher objetificada e servil cantada por Lennon e Yoko é a mesma mulher que, mais de um século antes da composição da canção, se viu identificada com a causa racial norte-americana. Angela Davis, escritora, ativista e militante pelo direito

---

[31] KILOMBA, Grada. *Memórias da plantação — Episódios de racismo cotidiano*. Rio de Janeiro: Cobogó, 2019, p. 36.

[32] LACAN, Jacques. (1960) "Diretrizes para um Congresso sobre a sexualidade feminina". In: LACAN, Jacques. *Escritos*. Trad. Vera Ribeiro. Rio de Janeiro: Jorge Zahar Editor, 1998, p. 741.

das mulheres e contra a discriminação social e racial, em seu livro *Mulheres, raça e classe*, evidencia o papel feminino na luta antiescravagista, ressaltando também a influência das mulheres brancas no processo de libertação negra[33]. A autora diz que o fato de a situação da população negra dos Estados Unidos no século XIX ser de muito mais exploração e violência do que a das mulheres brancas de classe média da época não retira o papel destas na luta antiescravagista no país. Ela destaca e analisa as razões que fizeram com que as mulheres compreendessem, mais que os homens da época, a relevância e o impacto da escravidão e seus efeitos.

Entretanto, é importante frisar, Davis não considera que a articulação entre mulheres brancas e os direitos civis da população negra não tenha tido uma série de paradoxos, pois em alguns momentos apontava para a limitação do acesso aos direitos civis: acabar-se-ia com a escravização, mas isso não implicaria acesso aos direitos civis efetivamente. As alianças foram feitas de diferentes modos. As mulheres brancas demandavam igualdades de direitos em termos de voto e de trabalho. As mulheres negras e imigrantes trabalhadoras das fábricas demandavam direitos em termos de reconhecimento social e civil. Portanto, a interseccionalidade aparecerá como um elemento importante para a compreensão desse outro, pois permite a articulação entre raça, gênero e classe, marcando que não existe A mulher.

De início, podemos pensar que o sexismo e o racismo têm um ponto em comum, qual seja, a ideia de um outro a ser explorado. Tanto as mulheres quanto os negros são tidos como um objeto de prazer e de trabalho ou serviço; entretanto, pelos

---

[33] DAVIS, Angela. *Mulheres, raça e classe*. Trad. H. R. Candiani. São Paulo: Boitempo, 2016. [Ebook — Kindle]

estudos das epistemologias negras, considera-se que não se trata só de uma questão relacionada à exploração do sexo e do trabalho. Há, nesse jogo, uma dimensão que é inextricável da raça. Servir, com seu trabalho, com seu corpo ou com ambos não é independente do ser outro em termos de racialização. Talvez seja de minha condição feminina que venha o desejo de estudar a estruturação das diversas formas de preconceito em nosso país. Também essa condição feminina pode ser a razão de sentir-me atravessada e invadida quando me deparo com manifestações preconceituosas provenientes de um discurso racista que enlaça o Brasil de hoje.

DEVIR-NEGRO

Mas o negro não existe enquanto tal. Ele é constantemente produzido. Produzi-lo é gerar um vínculo social de sujeição de um corpo de extração, isto é, um corpo inteiramente exposto à vontade de um senhor e do qual nos esforçamos para obter o máximo de rendimento. Sujeito a corveias de toda a ordem, o negro também é um nome de uma injúria, o símbolo do homem confrontado com o açoite e o sofrimento, num campo de batalha em que se opõem facções e grupos social e racialmente segmentados.

— ACHILLE MBEMBE[1]

TRAGO ALGUMAS questões a serem pensadas pela psicanálise, com uma reflexão sobre a linguagem, sobre os discursos preconceituosos que, de tão enraizados em nossa sociedade, nem sequer provocam questionamento, o que propicia a ocorrência de mais manifestações preconceituosas.

Parto de algumas questões norteadoras: o Brasil é um país preconceituoso? Atos discriminatórios, em suas diversas formas de apresentação, são questões importantes a serem pensadas pelos brasileiros? A que Brasil ou brasileiro estou me referindo? Estas são perguntas aparentemente simples, mas que, no fundo, envolvem aspectos complexos o bastante para que suas respostas

---

[1] MBEMBE, Achille. *Crítica da razão negra.* Trad. S. Nascimento. São Paulo: n-1 edições, 2019, p. 42.

DEVIR-NEGRO

sejam elucidadas de forma clara. Nossa maneira peculiar de tratar a realidade, muitas vezes a camuflando ou não a enxergando, aliada ao modo como enfrentamos as questões referentes às denominadas minorias, contribui para a complexidade do tema. Como a emergência de manifestações e práticas preconceituosas enlaça grande parcela da população?

Buscando reflexões para tais questionamentos, inicio com Achille Mbembe. Leitor de Fanon, autor que também será discutido neste capítulo, Mbembe reflete sobre consensos acerca da escravidão, descolonização e negritude. Em seu livro *A crítica da razão negra*, o autor afirma que

> Ao reduzir o corpo e o ser vivo a uma questão de aparência, de pele e de cor, outorgando à pele e à cor o estatuto de uma ficção de cariz biológico, os mundos euro-americanos em particular fizeram do negro e da raça duas versões de uma única e mesma figura: a loucura codificada. Funcionando simultaneamente como categoria originária, matéria e fantasmática, a raça esteve, no decorrer dos séculos precedentes, na origem de inúmeras catástrofes, tendo sido a causa de devastações psíquicas assombrosas e de incalculáveis crimes e massacres.[2]

Como demonstrado no capítulo anterior com os dados presentes no *Atlas da violência*, atualmente ainda ocorrem massacres no Brasil. Em nosso país, a população negra é mais exposta à violência. Se, em psicanálise, não se pode prescindir do corpo, também não se prescinde da palavra. O corpo, para a psicanálise, não é o corpo biológico, mas o corpo habitado pela linguagem. A palavra tem efeitos sobre o corpo, de

---

[2] *Idem*, p. 13.

49

maneira que o que é dito sobre o corpo negro gera efeitos, pois é aquilo que o constitui pela linguagem. As diversas manifestações preconceituosas são formas de expressão do racismo, são verdadeiros sintomas sociais, são estruturais de nossa sociedade.

Os fatos atuais são imperativos para que se discuta o preconceito como uma problemática eminentemente social. Muitas vezes, a violência é exibida claramente nas redes sociais, como, por exemplo, em um vídeo que recentemente foi veiculado na internet[3]. Ele mostra duas jovens brancas, de classe média, comendo em uma lanchonete de grande porte, tipo franquia americana. Enquanto lanchavam, elas sorriam, dando a impressão de que estavam se divertindo muito. Ao mesmo tempo, ofendiam e xingavam, com palavras impronunciáveis, um homem negro que fazia limpeza no local. Tratava-se, assim, de um fenômeno de dupla vetorização: tanto apontava a forma como as jovens se expressavam em relação a outro sujeito, quanto a possibilidade de tornar esse ato público.

O preconceito, apoiado em uma racionalidade racista, é escancarado sem nenhum constrangimento. Vivemos em um tempo no qual se, por um lado, há a intenção de negar o preconceito, escondendo, camuflando, não legitimando as formas de violência vividas, por outro, muitas vezes, ele é gritado em redes sociais e nas diferentes formas de violência cotidiana. Para explicar isso é necessária a compreensão do que Mbembe assinala como constitutivo das sociedades modernas ocidentais

---

[3] RECORD NEWS. "Jovens ofendem funcionário de lanchonete e são acusadas de racismo", 2 de abril de 2019. [Vídeo]. YouTube. Disponível no endereço: https://www.youtube.com/watch?v=hEpP26Cv26Y. Acessado em 17 de fevereiro de 2023.

a partir, sobretudo, dos processos de colonização de países africanos e da América Latina[4].

Nesse contexto, pode-se dizer que as elites se servem da ideologia da mestiçagem com a intenção de negar ou desqualificar a questão racial e as diferentes estratégias de subalternização de certos grupos sociais. Para o autor camaronês, o Ocidente deve pensar no racismo não como uma categoria, evento ou acontecimento social. Ao contrário: o racismo deve ser pensado, *a priori*, como elemento fundador de certas sociedades.

Não há como se questionar se determinado país é ou não racista por suas práticas ou ações; há que se pensar, isso sim, no elemento segregador constituinte que, consequentemente, gera práticas e ações que são, por essência, racistas. Mbembe discute como uma política de morte se apoia em um modo de organização social na qual a soberania permitiria definir que alguns sujeitos têm mais importância e que outros são destituídos de qualquer valor[5]. Esse modo de gerir a vida propicia a conformação de existências passíveis de extermínio porque consideradas menos qualificadas, substituíveis e, ao mesmo tempo, inimigas. O racismo, assim, molda-se em uma política de morte, portanto, uma necropolítica, em que a violência contra alguns, além de ser possível, é estimulada. O racismo, inventado pelos processos de colonização do passado e de colonialidade do presente, divide o mundo em dois, justificando o extermínio de uns pelos

---

[4] MBEMBE, Achille. *Necropolítica: seguido de "Sobre el gobierno privado indirecto"*. Trad. E. F. *Melusina*, 2006. Disponível no endereço: https://aphuuruguay.files.wordpress.com/2014/08/achille-mbembe-necropolc3adtica-seguido-de-sobre-el-gobierno-privado-indirecto.pdf. Acessado em 17 de fevereiro de 2023.

[5] MBEMBE, Achille. *Necropolítica: Biopoder, soberania, estado de exceção, política de morte*. Trad. R. Santini. São Paulo: n-1 edições, 2019.

outros. Ainda para Mbembe, o racismo é o elemento fundante das sociedades ocidentais, constituídas a partir de relações privilegiadas de alguns, considerados iguais, enquanto tantos outros são vistos como diferentes, estranhos e segregados[6].

Para a psicanálise, o racismo é elemento fundante do ser humano. Como apregoado por Lacan em "Televisão", não há um ato humano que não esteja revestido de racismo, entendendo-se, assim como em Mbembe, o racismo como algo fundante do sujeito[7]. A psicanálise entende o eu em sua identidade, marca a diferença e o idêntico. Segundo Colette Soler, "quem diz 'a identidade' convoca, ao mesmo tempo, a diferença e o idêntico"[8]. A diferença e o idêntico são convocados em todo discurso social.

O racismo e a colonialidade que fundam o sujeito e a sociedade, e os atos preconceituosos que já ocorriam anteriormente ganharam força e voz nos dias atuais. O discurso social da atualidade é um discurso preconceituoso. Quais são as condições de possibilidade para que esse discurso tome corpo, ganhe adeptos e circule, inclusive, na internet e nas redes sociais? Como compreender uma composição que ao mesmo tempo permite uma identificação com o racismo, ou seja, com as práticas preconceituosas, e uma relação de não identificação, na medida em que está tão "dentro" de nossas sociedades, pois compartilhamos a vida coletivamente, que não é reconhecida como prática preconceituosa? É assim que o racismo opera na exaltação de determinadas práticas e na negação de outras.

---

[6] *Idem, ibidem.*

[7] LACAN, Jacques. (1973) "Televisão". In: LACAN, Jacques. *Outros escritos.* Trad. Vera Ribeiro: Rio de Janeiro: Jorge Zahar Editor, 2003.

[8] SOLER, Colette. *O que faz laço?* Trad. E. Saporiti e C. Oliveira. São Paulo: Escuta, 2016, p. 15.

DEVIR-NEGRO

Mbembe trata do "devir-negro no mundo" em sua obra *Crítica da razão negra*[9], na qual o autor demonstra que a condição inferiorizada destinada aos negros, advinda do início do capitalismo, vem paulatinamente se ampliando com a fase atual de neoliberalismo. Diz o autor:

> Ainda mais característica da fusão potencial entre o capitalismo e o animismo é a possibilidade, muito clara, de transformação dos seres humanos em coisas animadas, dados numéricos e códigos. Pela primeira vez na história humana, o substantivo negro deixa de remeter unicamente à condição atribuída aos povos de origem africana durante a época do primeiro capitalismo (predações de toda a espécie, destituição de qualquer possibilidade de autodeterminação e, acima de tudo, das matrizes do possível, que são o futuro e o tempo). A essa nova condição fungível e solúvel, à sua institucionalização enquanto padrão de vida e à sua generalização pelo mundo inteiro, chamamos o *devir-negro do mundo*.[10]

Para ele, o racismo contra o africano é uma condição de possibilidade para o capitalismo moderno, ou seja, base do liberalismo, da mesma maneira que o capitalismo contemporâneo, juntamente com o neoliberalismo, só é possível com novas formas de exploração e escravização que ocorrem na atualidade. O preconceito racial, o racismo que anteriormente era direcionado de maneira exclusiva aos negros, toma uma nova roupagem e passa a atingir, além dos negros, outras parcelas subalternizadas

---

[9] MBEMBE, Achille. *Crítica da razão negra*. Trad. S. Nascimento. São Paulo: n-1 edições, 2019.

[10] *Idem*, p. 20.

da população. Como dito por Mbembe, "o substantivo negro deixa de remeter unicamente à condição atribuída aos povos de origem africana..."[11]. Em nosso tempo, saímos do racismo voltado às questões raciais ou étnicas, indo em direção ao preconceito em relação às "humanidades subalternas".

As humanidades subalternas são alvo de preconceito, e a necropolítica é destinada a elas. O conceito de necropolítica constitui-se como uma política de extermínio, trazendo para a atualidade algo da antiga política colonial e escravocrata do primeiro capitalismo[12]. Assim, hoje há toda sorte de indivíduos descartáveis, seres matáveis e expostos à morte.

A criminalização de um ato racista atua com a desqualificação de pessoas por meio de uma lógica de produção de inimigos, mas sob a égide do Estado democrático de direito que sustenta a organização social que exclui e produz morte. De um lado, há vidas com menos valor que outras, com produção de inimigos a serem combatidos; de outro, há a criminalização do racismo. Esses são componentes de uma mesma engrenagem em uma sociedade estruturada como racista. O que estou dizendo é que, aparentemente antagônicos, o fato de ser criminalizado por ser racista e o ato racista em si, de certa forma, também fazem parte de uma lógica em que se produz preconceito.

A legislação brasileira, mais especificamente o Código Penal (Decreto-lei n. 2.848, 1940), em seu artigo 140, §3º, parágrafo terceiro, considera injúria racial a agressão verbal com utilização de elementos relativos à cor, etnia, religião, condição de pessoa idosa ou portadora de deficiência. Pune-se tal conduta com reclusão de um a três anos e multa. Nossa Constituição Federal

---

[11] *Idem*, p. 19.

[12] MBEMBE, Achille. *Necropolítica: Biopoder, soberania, estado de exceção, política de morte*. Trad. R. Santini. São Paulo: n-1 edições, 2019.

de 1988, em seu art. 5º, inciso XLII, dispõe que o crime de racismo é "inafiançável, imprescritível e sujeito à pena de reclusão, nos termos da lei". Ou seja, aparentemente, estaríamos em um país que pune o racismo e onde, portanto, não haveria práticas racistas do próprio Estado e os indivíduos que as realizam seriam efetivamente punidos.

Estou refletindo sobre intolerância e preconceito (em sentido amplo), racismo e manifestações preconceituosas, principalmente as praticadas na atualidade, em particular em nosso país, como um sintoma coletivo ("neurose cultural brasileira", nas palavras de Lélia Gonzalez), em suas formas de exaltação e negação. Nessa dualidade e ambivalência, ao mesmo tempo, mostra-se o preconceito e esconde-se o ato preconceituoso. Para a compreensão de como a negação e a exaltação de práticas preconceituosas enlaçam a sociedade brasileira, é necessário entender como se dá a negação do racismo exaltado em práticas ou ações, o que será abordado a seguir, deixando claro que, quando utilizo o significante *racismo*, estou me referindo ao devir-negro. Dito de outro modo, refiro-me a manifestações preconceituosas em suas diferentes formas; isso não como maneira de minimizar as violências contra raça/etnia, mas de compreender a complexidade que assume o racismo/colonialidade como estruturante de nossa sociedade.

RACISMO NEGADO – DIVERSAS FACETAS

Como apontei no início deste capítulo, com a emergência do capitalismo, houve a construção da condição negra e, com ela, a possibilidade de pessoas serem tratadas como mercadoria. Com o neoliberalismo, surge o devir-negro, no qual a condição de negro deixa de remeter somente às pessoas de origem africana. Essa categoria é destinada àqueles que, de um jeito ou de outro, não correspondem ao ideal — nas palavras de Mbembe, são comunidades subalternas que podem ser descartadas[13]. Paralelamente a isso, há lutas constantes dessas comunidades por maior visibilidade de acesso a direitos, como direito à vida, à educação ou ao nome, como já mencionado.

Ao mesmo tempo que somos tomados, especialmente no Brasil, por atitudes preconceituosas, expressões racistas emergiram no país com manifestações explícitas de violência que têm sido, no entanto, desconsideradas. Demonstração dessa situação é a fala do ex-presidente da Fundação Palmares ao chamar o movimento negro de "escória maldita formada por 'vagabundos'"[14]. Por ora, discutirei como a psicanálise contribui para que possamos entender tais acontecimentos.

Vou iniciar as discussões com a contribuição do estudioso Frantz Fanon, psiquiatra que nasceu na Martinica em 20 de junho de 1925. Mais conhecido por ser um revolucionário, lutou durante a Segunda Guerra Mundial junto às forças de resistência no norte da Europa e da África. Estudou psiquiatria e filosofia na França e dirigiu o departamento de psiquiatria do hospital que hoje leva seu nome (Hospital Frantz Fanon), o então Hospital Blida-Joinville, na Argélia. Chegou a ser um dos cidadãos mais procurados pela polícia francesa quando se tornou membro da Frente de Libertação Nacional da Argélia. Dedicou grande parte de sua vida a essa causa, lutando por condenados nas instituições coloniais e racistas.

---

[13] *Idem, ibidem.*

[14] REDAÇÃO BRASIL DE FATO. "Presidente da Fundação Palmares chama movimento negro de 'escória maldita'". In: *Brasil de Fato*, 3 de junho de 2020. Disponível no endereço: https://www.brasildefato.com.br/2020/06/03/presidente-da-fundacao-palmares-chama-movimento-negro-de-escoria--maldita. Acessado em 17 de fevereiro de 2023.

A maneira pela qual a sociedade brasileira se estrutura, com a inferiorização de alguns grupos e a valorização de outros, justifica iniciar minhas discussões com Frantz Fanon, pois, para ele, "a inferiorização é o correlato nativo da supervalorização europeia. Precisamos ter coragem de dizer: é o racista que cria o inferiorizado"[15]. Nesse sentido, o Brasil, que foi colonizado por países da Europa e, posteriormente, por ideais oriundos dos Estados Unidos, cada dia mais fortes em nossa cultura, tem em sua base, na sua constituição de nação, o branco europeu e o americano estadunidense branco como ideal. Essa situação produz, como consequência, a desvalorização dos demais.

Para Fanon, é necessária uma interpretação psicanalítica da questão negra para que se perceba a dimensão do que se pretende estudar. Conforme já apontei, em "Psicologia das massas e análise do eu", Freud afirma que toda psicologia individual é ao mesmo tempo social[16]. O social e o individual, para Fanon e Freud, não são considerados em separado: "a psicologia individual é também desde o início psicologia social, num sentido ampliado, mas plenamente justificado"[17]. Essa confluência entre social e individual dá-se em determinado tempo da história. Fanon leva em consideração o fator temporal e a realidade, de modo que as sociedades devem ser entendidas a partir do presente, com a possibilidade de uma constituição de futuro.

Nossa história, com o processo de escravização/colonização, possibilitou a formação de enquadramentos distintos para

---

[15] FANON, Frantz. *Pele negra, máscaras brancas*. Trad. R. da Silveira. Salvador: EDUFBA, 2008, p. 90.

[16] FREUD, Sigmund. (1921) "Psicologia das massas e análise do eu". In: FREUD, Sigmund. *Psicologia das massas e análise do eu e outros textos (1920-1923) — Obras completas, vol. XV*. Trad. Paulo César de Souza. São Paulo: Companhia das letras, 2011.

[17] *Idem*, p. 14.

determinados grupos no decorrer do tempo. Conforme salienta Lélia Gonzalez, para uma reflexão sobre esse histórico escravocrata da constituição histórica do Brasil e da América do Sul e Latina, há de se levar em conta que "a formação histórica da Espanha e de Portugal foi feita a partir da luta secular contra os mouros"[18].

Ainda hoje, em nossas manifestações culturais, encontramos festividades populares que rememoram a batalha entre mouros e cristãos, mas não se pode olvidar que a motivação do confronto não foi unicamente religiosa. Citando Gonzalez: "constantemente silenciada, a dimensão racial desempenhou um importante papel ideológico nas lutas da Reconquista"[19]. Outro ponto importante, também ressaltado por Gonzalez, é que as sociedades ibéricas se constituíram como extremamente hierárquicas, sendo impossível pensar em igualdade social, de gênero ou racial em tal tipo de enquadramento social. Como herdeiro dessa estrutura, o Brasil carrega uma marca hierárquica, com a proeminente classificação social, racial e sexual. As consequentes bases do preconceito praticado no país refletem tal marca, apoiada em pilares estruturais, como a negação do racismo e o mito da democracia racial, que tratarei adiante neste capítulo.

> Somos herdeiros de um tipo de Estado bastante interessante. Essa contraposição entre uma ideologia realista, de um lado, que caracteriza a estrutura do Estado brasileiro, e uma ideologia individualista, apoiada nos princípios da liberdade e da igualdade a partir do séc. XVIII e que vai tomar conta do mundo ocidental. A partir dessa visão o Ocidente vai passar

---

[18] GONZALEZ, Lélia. *Por um feminismo afro-latino-americano: ensaios, intervenções e diálogos.* Rio de Janeiro: Jorge Zahar Editor, 2020, p. 142.

[19] *Idem*, p. 143.

a fazer uma leitura a respeito do resto do mundo, das outras culturas das sociedades não ocidentais.[20]

O Brasil é um país onde a violência e o racismo foram fatos constituintes e formadores da sociedade, do laço social. O racismo e a escravização ocorreram com respaldo na legislação vigente à época. Tal fato deixa marcas e cria sintomas de identificação com a produção de morte e violência.

Outro ponto abordado por Fanon em seu texto é a maneira como se estrutura o preconceito:

> nenhum antissemita pensaria em castrar um judeu. Matam-no ou o esterilizam. O preto é castrado. O pênis, símbolo da virilidade é aniquilado, isto é, negado. A diferença entre as duas atitudes é clara. O judeu é atingido na sua personalidade confessional, na sua história, na sua raça, nas relações que mantém com seus ancestrais e seus descendentes. No judeu que é esterilizado, mata-se sua estirpe; cada vez que um judeu é perseguido, toda uma raça é perseguida através dele. Mas é na corporeidade que se atinge o preto. É enquanto personalidade concreta que ele é linchado. É como ser atual que ele é perigoso. O perigo judeu é substituído pelo medo da potência sexual do preto.[21]

O preconceito tem como base a ideia de que o outro possui atributos ou características almejáveis. Segundo o autor, a segregação sofrida pelos judeus teria como base a suposição de que eles têm uma habilidade financeira que lhes facilitaria ganhar

---

[20] MBEMBE, Achille. *Crítica da razão negra*. Trad. S. Nascimento. São Paulo: n-1 edições, 2019, p. 233.

[21] FANON, Frantz. *Pele negra, máscaras brancas*. Trad. R. da Silveira. Salvador: EDUFBA, 2008, p. 142.

dinheiro. Já em relação aos negros, há uma ideia de potência sexual, de facilidade em relação ao sexo. A psicanálise entende essa suposição de facilidade com o sexo ou com o dinheiro como suposição "de um gozo a mais", componente importante do preconceito. A crença de que no judeu haveria o gozo da usura ou de que o negro goza com o sexo aumenta o ressentimento e a hostilidade para com esses sujeitos.

Está presente em nossa cultura uma hipersexualização do corpo negro, tanto do homem quanto da mulher. No imaginário social, o homem negro frequentemente é retratado como potente sexualmente ou como possuidor de um grande pênis; a mulher negra, por sua vez, como mais interessada em sexo. Essa suposta facilidade com relação ao sexo, se por um lado objetifica o sujeito, por outro gera mais hostilidade. O ressentimento para com esses sujeitos aumenta, e o preconceito também.

O ressentimento parece ser especialmente direcionado à mulher negra, muitas vezes vista como objeto de "manipulação/exploração sexual, social e econômica", como ocorre com "muitas jovens negras de origem humilde"[22]. Nas palavras de Lélia Gonzalez:

> De modo geral, a mulher negra é vista pelo restante da sociedade a partir de dois pontos de qualificação "profissional": a doméstica e a mulata. A profissão de "mulata" é uma das mais recentes criações do sistema hegemônico no sentido de um tipo especial de "mercado de trabalho". Atualmente o significante *mulata* não nos remete apenas ao significado tradicionalmente aceito (filha mestiça de preto/a com branca/o), mas a um outro

---

[22] GONZALEZ, Lélia. *Por um feminismo afro-latino-americano: ensaios, intervenções e diálogos*. Rio de Janeiro: Jorge Zahar Editor, 2020, p. 60.

mais moderno: produto de exportação. A profissão de mulata é exercida por jovens negras que, num processo extremo de alienação imposto pelo sistema à exposição de seus corpos (com o mínimo de roupa possível), através do "rebolado" para o deleite do voyeurismo dos turistas e dos representantes da burguesia nacional. Sem se aperceberem, elas são manipuladas, não só como objetos sexuais mas como provas concretas da "democracia racial" brasileira; afinal são tão bonitas![23]

O racismo estrutural, na sua forma de um devir-negro, como sintoma coletivo e articulado com o sexismo, recai sobre a mulher negra, em particular, produzindo discursos de preconceito e induzindo também à falsa ideia de uma democracia racial, por ela ser admirada e desejada pelos homens, o que se atrela ao ressentimento de outras mulheres. A suposta democracia racial conjuga-se com outros elementos, compondo um discurso que se arranja nas formas de exaltação e negação da nossa condição racista.

Essa suposição de um gozo com o sexo está presente em nosso imaginário, e a violência assume, assim, duas formas que se retroalimentam, tornando possível não apenas o racismo sobre o sujeito, mas a apresentação do racismo em um domínio público, coletivo, de modo a permitir seu enlace em um campo social. A visão do negro, especialmente da mulher negra, em nossa sociedade, uma visão na qual há uma potência sexual superdimensionada, evidencia mais agressividade e preconceito, não só de um sujeito, mas de toda uma coletividade. Isso pode ser escutado em um velho ditado popular — "Branca para casar, mulata para fornicar, negra para trabalhar" —, discutido no livro de Lélia Gonzalez *Por um feminismo afro-latino-americano*. Citando:

---

[23] *Idem*, p. 59.

Um ditado "popular" brasileiro resume essa situação, afirmando: "Branca para casar, mulata para fornicar, negra para trabalhar". Atribuir às mulheres amefricanas (pardas e mulatas) tais papéis é abolir sua humanidade, e seus corpos vistos como corpos animalizados: de certa forma, são os "burros de carga" do sexo (dos quais as mulatas brasileiras são um modelo). Desse modo, verifica-se como a superexploração socioeconômica se alia à superexploração sexual das mulheres amefricanas.[24]

O corpo negro, sensualizado, sexualizado e ao mesmo tempo explorado é, em nossa cultura, objeto de desejo e de agressividade. O racismo estrutural produz uma série de práticas preconceituosas, entre elas, a divisão racial do trabalho, com a exploração econômica e, por consequência, sexual, atingindo em maior expressão as mulheres negras, uma vez que são as mais visadas por estereótipos de raça e gênero, que se estabelecem com elementos de dominação. A exploração econômica e sexual ganha crueldade, denotando agressividade. Como Lélia Gonzalez diz no texto "A mulher negra na sociedade brasileira"[25], muitas mulheres de classe média e alta contratam jovens negras como domésticas com o objetivo de promover a iniciação sexual de seus filhos.

Tudo isso torna muito mais problemática a exploração do trabalho propiciada pelo privilégio racial no Brasil. O grupo branco é o grande beneficiário da exploração social e, especialmente, econômica que, aliadas à exploração sexual, fomentam a reprodução dos estereótipos já mencionados, como a superpotência sexual do homem negro ou a hipersexualidade da mulher negra.

---

[24] *Idem*, p. 149.

[25] GONZALEZ, L. "A mulher negra na sociedade brasileira" In: LUZ, Madel, T., org. O lugar da mulher; estudos sobre a condição feminina na sociedade atual. Rio de Janeiro, Graal, 1982. 146p. p. 87-106.

Outro ponto importante marcado por Fanon em seu trabalho é a impossibilidade de o negro "passar despercebido"[26]. A cor da pele marca, ela faz alteridade e diferença. Diz o autor:

> Ainda assim o judeu pode ser ignorado na sua judeitude. Ele não está integralmente naquilo que é. As pessoas avaliam, esperam. Em última instância, são os atos e os comportamentos que decidem. É um branco e, sem levar em consideração alguns traços discutíveis, chega a passar despercebido. Ele pertence à raça daqueles que sempre ignoraram a antropofagia. No entanto que ideia, devorar o próprio pai! Mas tudo está bem feito, só precisamos não ser pretos. Claro, os judeus são maltratados, melhor dizendo, perseguidos, exterminados, metidos no forno, mas essas são apenas pequenas histórias de família. O judeu só não é amado a partir do momento em que é detectado. Mas comigo tudo toma um aspecto *novo*. Nenhuma chance me é oferecida. Sou sobredeterminado pelo exterior. Não sou escravo da "ideia" que os outros fazem de mim, mas de minha aparição.[27]

O autor demonstra nesse trecho como a simples presença do negro em sua cor já marca a diferença, fazendo-o estrangeiro ou estranho, mesmo que viva em seu próprio país. Lélia Gonzalez também aborda esse assunto no texto "A cidadania e a questão ética", no qual relata a história de um índio Terena que dizia ser de origem japonesa para passar despercebido; a autora acrescenta que, para os negros, "não há disfarce possível"[28].

---

[26] FANON, Frantz. *Pele negra, máscaras brancas*. Trad. R. da Silveira. Salvador: EDUFBA, 2008.

[27] *Idem,* p. 108.

[28] GONZALEZ, Lélia. *Por um feminismo afro-latino-americano: ensaios, intervenções e diálogos*. Rio de Janeiro: Jorge Zahar Editor, 2020.

Proponho agora que pensemos no tempo. Quando Fanon publicou o livro *Pele negra, máscaras brancas*, o racismo era tido como algo específico de determinadas sociedades. Para os franceses da época, o racismo não existia, assim como acontece atualmente no Brasil. Havia então, e ainda há, uma espécie de recusa em examinar essa evidência. Pode-se dizer que existe uma tendência por parte de muitas pessoas, incluindo autoridades públicas, de considerar que nosso país é uma democracia racial.

Na edição de outubro de 2019 da revista *Piauí*, o editorial de capa trouxe uma belíssima reportagem da jornalista Yasmin Santos, intitulada "Letra Preta", que relata a realidade vivida pelos negros na imprensa brasileira. Na reportagem, ela conta também sua experiência na universidade pública e como a ocupação dos espaços da Universidade Federal do Rio de Janeiro (UFRJ) foi vivida por ela como em uma disputa. A jornalista cita uma fala de Roberto Salles feita em setembro de 2012, quando era reitor da referida universidade, na qual questionava veementemente a implementação de ações afirmativas para facilitação de acesso à universidade pública. Salles negou a existência de desigualdade racial no Brasil, além de ter ironizado a reserva de vagas para estudantes indígenas. A reportagem também questionava o que o reitor da UFRJ diria se a população negra não fosse maioria[29].

Utilizo a conduta ou pensamento do referido reitor não no sentido de uma crítica pessoal ou pontual. Ao contrário, tomei

---

[29] VIEIRA, Isabela. "Percentual de negros em universidades dobra, mas é inferior ao de brancos. In: *Agência Brasil*, 2 de dezembro de 2016. Disponível no endereço: http://agenciabrasil.ebc.com.br/educacao/noticia/2016-12/percentual-de-negros-em-universidades-dobra-mas-e-inferior-ao-de-brancos. Acessado em 17 de fevereiro de 2023.

essa fala para evidenciar a importância que tem o fato de o reitor de uma instituição de relevância no cenário nacional ser publicamente contra a política brasileira de cotas para acesso às universidades, baseando-se no argumento de que não existe desigualdade racial no Brasil.

Ao utilizar o pretexto de não considerar a cor da pele, o racismo se alicerça. A negação do racismo em nossa sociedade tem o mesmo fundamento: a não subalternização dos "não brancos". Um exemplo de como o Brasil se estrutura segundo a lógica da inexistência do racismo pode ser verificado no programa de televisão *Luciana by Night*[30], que recebeu Jair Bolsonaro, em maio de 2020 — momento em que ele ocupava o cargo de presidente do Brasil. Nele, Bolsonaro afirma, categoricamente, que não existe racismo no Brasil. Qual a relevância dessa afirmação? Respondendo com Fanon: "se é em nome da inteligência e da filosofia que se proclama a igualdade dos homens, também é em seu nome que muitas vezes se decide seu extermínio"[31]. Negando-se o racismo, assegura-se que práticas segregativas e de extermínio continuem acontecendo. Conforme aponta Lélia Gonzalez, trata-se da "neurose cultural brasileira"[32].

As estatísticas de cor e raça brasileiras mostram que estamos muito longe de sermos uma democracia racial. Segundo a agência de notícias do IBGE, em média, os brancos têm maiores salários, vivenciam menos situações de desemprego e, como exposto

---

[30] REDE TV. "Luciana By Night com Jair Bolsonaro", 7 de maio de 2019. [Vídeo] YouTube. Disponível no endereço: https://www.youtube.com/watch?v=xMDcEo0_BV0. Acessado em 17 de fevereiro de 2023.

[31] FANON, Frantz. *Pele negra, máscaras brancas*. Trad. R. da Silveira. Salvador: EDUFBA, 2008, p. 43.

[32] GONZALEZ, Lélia. *Por um feminismo afro-latino-americano: ensaios, intervenções e diálogos*. Rio de Janeiro: Jorge Zahar Editor, 2020, p. 76.

anteriormente, têm menos dificuldades no acesso à educação superior em razão da sua cor/raça/etnia[33].

A desigualdade racial está presente também no número de negros assassinados, como mostra o estudo do *Atlas da Violência*. Essa disparidade também aparece quando levamos em conta a presença de pardos, negros e brancos na universidade. Nas palavras de Lélia Gonzalez:

> Desse modo, a afirmação de que todos são iguais perante a lei assume um caráter claramente formalista em nossas sociedades. O racismo latino-americano é sofisticado o suficiente para manter negros e índios na condição de segmentos subordinados dentro das classes mais exploradas graças à sua forma ideológica mais eficaz: a ideologia do branqueamento.[34]

O racismo e o preconceito praticados também são desconsiderados, isto é, há uma tendência a se negar o racismo e/ou as práticas preconceituosas. Conforme discuti anteriormente, muitas vezes, o que ocorre é uma oscilação entre gritar, nas redes sociais ou em público, palavras de conteúdo preconceituoso e negar tais afirmações com a mesma força, como as jovens que insultaram um homem negro na lanchonete e colocarem as imagens na internet. Nesse caso, uma delas foi novamente à internet, na tentativa de justificar seu comportamento, dizendo: "não era porque o menino era preto, não,

---

[33] GOMES, Irene & MARLI, Mônica. "IBGE mostra as cores da desigualdade". In: *Agência do IBGE; Revista Retratos*, 11 de maio de 2018. Disponível no endereço: https://agenciadenoticias.ibge.gov.br/agencia-noticias/2012-agencia-de-noticias/noticias/21206-ibge-mostra-as-cores-da-desigualdade. Acessado em 17 de fevereiro de 2023.

[34] GONZALEZ, Lélia. *Por um feminismo afro-latino-americano: ensaios, intervenções e diálogos*. Rio de Janeiro: Jorge Zahar Editor, 2020, p. 143.

porque ainda tem pretos bonitinhos, mas ele é um preto feio, horroroso"[35]; a outra jovem afirmou que xingou o homem porque ele era seu ex-namorado, como se tal fato justificasse a ação agressiva da jovem.

Faz parte de nossa realidade e de nossa maneira de expressar ou não a agressividade, o fato de haver um aparente jogo entre mostrar e esconder; ao mesmo tempo em que se esconde algo, acaba-se por efetivamente mostrá-lo. Esse jogo compõe o racismo como sintoma coletivo, havendo uma discordância entre os significados e os significantes nos discursos.

Uma afirmação ou uma ação preconceituosa, seguida de uma negação do ato, teria por efeito a desconsideração dele? Depois de uma fala racista, seguida de "Eu não sou racista", passa-se a considerar apenas a negativa? Por que se nega? A "neurose cultural brasileira", ou o racismo como sintoma coletivo, juntamente com a respectiva negação, é o que tento compreender a seguir.

NEGAÇÃO EM FREUD

Parti de Freud, em suas formulações sobre a negação na constituição do eu e na formação do sintoma[36], para a compreensão do racismo negado, chegando à tese lacaniana do inconsciente estruturado como uma linguagem e às leis de linguagem que regem o inconsciente, com a primazia do significante.

---

[35] "Jovens destratam atendimento negro em lanchonete e vídeo viraliza na internet". In: *Yahoo Notícias,* 1º de abril de 2019. Disponível no endereço https://br.noticias.yahoo.com/jovens-destratam-atendente-negro-em-lanchonete-e-video-viraliza-na-internet-191003721.html?guccounter=1. Acessado em 17 de fevereiro de 2023.

[36] FREUD, Sigmund. (1925) "A negação" In: FREUD, Sigmund. *O eu e o id, "autobiografia" e outros textos (1923-1925) — Obras completas, vol. XVI.* Trad. Paulo César de Souza. São Paulo: Companhia das letras, 2011.

PSICANÁLISE E NECROPOLÍTICA NO BRASIL

Pois "ao tocar, por pouco que seja, na relação do homem com o significante, no caso, na conversão dos procedimentos da exegese, altera-se o curso de sua história, modificando as amarras de seu ser"[37].

Freud, em seu texto "A negação", relata que as reações dos pacientes, em análise, são uma rica fonte para a compreensão de como o sujeito pode expressar algo verdadeiro de forma mais tranquila, sem tantas barreiras, ao fazer uso do "não". Citando exemplos de sua clínica, ele assegura que algo do inconsciente pode surgir com a possibilidade de ser negado.

> "Você pergunta quem pode ser esta pessoa no meu sonho. Minha mãe não é." Corrigimos então é a mãe. Tomamos a liberdade, na interpretação, de ignorar a negação e apenas extrair o conteúdo da ideia. É como se o paciente houvesse me dito: É certo que me ocorreu minha mãe, em relação a essa pessoa, mas não quero admitir esse pensamento.[38]

Assim, com os fragmentos retirados da clínica freudiana, percebemos que um conteúdo inaceitável, reprimido, pode chegar à consciência com a condição de ser negado. Entre a negação e o recalque há uma ligação, portanto é necessário compreender melhor o recalque.

O recalque é uma operação inconsciente que está na gênese dos sintomas; na formação dos sintomas neuróticos. Freud

---

[37] LACAN, Jacques. (1957) "A instância da letra no inconsciente ou a razão desde Freud". In: LACAN, Jacques. *Escritos.* Trad. Vera Ribeiro. Rio de Janeiro: Jorge Zahar Editor, 1998, p. 531.

[38] FREUD, Sigmund. (1923) "O eu e o id". In: FREUD, Sigmund. *O eu e o id, "autobiografia" e outros textos (1923-1925) — Obras completas, vol. XVI.* Trad. Paulo César de Souza. São Paulo: Companhia das letras, 2011, p. 276.

referiu-se ao recalque como uma inferência, uma descoberta da psicanálise[39]. O recalque consiste em uma negação ocorrida no interior do eu, como um juízo de admissibilidade, na qual um sentimento, uma ideia ou um desejo não é tolerado ou admitido. Podemos pensar nas formas de preconceito e racismo como não toleradas ou admitidas pelo sujeito. Portanto, o que o "eu" não suporta, ele nega, mantendo esquecido no inconsciente. No caso das jovens que praticaram racismo contra o atendente da lanchonete, quando indagadas sobre o ato, uma delas disse que não era porque ele era negro, e sim porque ele era "preto feio, horroroso"[40].

Porém, no processo de recalcamento algo escapa, e o conteúdo do que foi recalcado retorna, como nos sonhos, atos falhos, sintomas e chistes. Citando Lélia Gonzalez:

> Consciência exclui o que a memória inclui. Daí, na medida em que é o lugar da rejeição, a consciência se expressa como um discurso dominante (ou efeito desse discurso) numa dada cultura, ocultando a memória, mediante a imposição do que ela, consciência afirma como a verdade. Mas a memória tem suas astúcias, seu jogo de cintura; por isso, ela fala através das mancadas do discurso da consciência.[41]

---

[39] FREUD, Sigmund. (1914) "Introdução ao narcisismo". In: FREUD, Sigmund. *Introdução ao narcisismo: ensaios de metapsicologia e outros textos (1914-1916) — Obras completas, vol. XII*. Trad. Paulo César de Souza. São Paulo: Companhia das letras, 2010.

[40] RECORD NEWS. "Jovens ofendem funcionário de lanchonete e são acusadas de racismo", 2 de abril de 2019. [Vídeo]. YouTube. Disponível no endereço: https://www.youtube.com/watch?v=hEpP26Cv26Y. Acessado em 17 de fevereiro de 2023.

[41] GONZALEZ, Lélia. *Por um feminismo afro-latino-americano: ensaios, intervenções e diálogos*. Rio de Janeiro: Jorge Zahar Editor, 2020, p. 79.

O que é negado, recalcado simbolicamente, volta também simbolicamente por meio das formações do inconsciente, ou nas "mancadas da consciência", como diz Lélia Gonzalez. Acontece, portanto, o retorno do recalcado. Assim, o recalque e o retorno do recalcado têm a mesma estrutura.

A identidade afirma-se, ao mesmo tempo, pela diferença e pela igualdade. Só nos identificamos com aqueles que são iguais na medida em que há outros que são diversos, e, de acordo com Grada Kilomba, os diversos, os "outros", são os subalternizados. O "eu", portanto, constitui-se a partir do idêntico, do que é igual, mas também daquilo que é diverso, diferente. Da mesma maneira, nas sociedades ocidentais, o racismo encontra-se na base, na constituição e na formação das nações. Portanto, a partir da constatação do racismo *a priori*, tanto no sujeito quanto na sociedade, conseguimos compreender melhor o papel da negação, o recalque, o retorno do recalcado e a concepção de um racismo negado existente no Brasil. Vale ressaltar que por "*a priori*" não quero dizer "natural", e, sim parte estrutural da organização das sociedades modernas.

Quando se nega o racismo ao se dizer "Eu não sou racista", o sentimento de hostilidade por um outro que de alguma maneira se apresenta diferente não é aceito pelo eu, ficando, portanto, esquecido, recalcado, e voltando como um sintoma que se torna coletivo. Assim como no caso do sonho do paciente de Freud, em que a lembrança do sonho com a mãe escapa e emerge sob a condição de ser negada, a hostilidade e o racismo aparecem, desde que o sujeito possa negá-los. "Não sou racista" pode significar "sou racista, mas não quero saber disso".

A partir dessas observações clínicas, Freud desenvolveu os conceitos de juízo de existência e atribuição, fundamentais na constituição do aparelho psíquico, bem como para a compreensão do preconceito e suas manifestações[42]. O "não" do paciente não nega o que foi dito, mas assinala que não foi dito tudo. Não é possível dizer tudo ou, de outro modo: há algo que escapa. Quando o paciente diz "não é a mãe", o discurso está articulado com a interdição e com a lei.

Lélia Gonzalez, em seu texto "Pilar da amefricanidade", sugere que nossa latinidade, enquanto nação, é inexistente e "teve trocado o T pelo D, para aí sim, nomear o nosso país com todas as letras Améfrica Ladina (neurose cultural que tem o racismo como excelência)"[43]. Tal condição ocorre por motivos geográficos, culturais e, principalmente, da ordem do inconsciente; tudo em conjunto torna e tornou o Brasil uma américa africana. Ainda segundo a referida autora, a negação de africanidade do país fomenta um racismo forte, que se volta exatamente contra aqueles que etnicamente presentificam essa origem, levando a tentativas de aniquilamento, desqualificação e extermínio. O pensamento de Lélia Gonzalez vai ao encontro do que proponho neste trabalho, pois pesquiso o racismo negado/exaltado, ou ainda, em outras palavras, a negação de práticas racistas, que se apresenta como verdadeira forma de exaltação desse mesmo racismo.

Quando trata da negação, Freud também formula a hipótese teórica sobre o juízo de existência e de atribuição, fundamentos para a existência do aparelho psíquico. A formação inicial do aparelho psíquico dá-se mediante uma afirmação inicial (*Bejahung*), seguida de uma negação (*Verneinug*). Afirmação e

---

[42] FREUD, Sigmund. (1923) "O eu e o id". In: FREUD, Sigmund. *O eu e o id, "autobiografia" e outros textos (1923-1925) — Obras completas, vol. XVI*. Trad. Paulo César de Souza. São Paulo: Companhia das letras, 2011.

[43] GONZALEZ, Lélia. *Por um feminismo afro-latino-americano: ensaios, intervenções e diálogos*. Rio de Janeiro: Jorge Zahar Editor, 2020, p. 151.

negação atuam como opostos, ou seja, dentro e fora, interno e externo, para a montagem do psiquismo[44].

A afirmação inicial constitui a realidade para o sujeito. Essa constituição da realidade ocorre com a formação dos juízos de atribuição e de existência. Freud considera que o juízo de atribuição é anterior ao juízo de existência. O psicanalista ainda demonstra que um objeto de satisfação cria marcas na memória e que o juízo de existência tem a função de reencontrar na realidade o objeto imaginado que deixou marcas no juízo de atribuição. O juízo de atribuição faz o julgamento do que é bom ou mau — o bom é aceito pelo sujeito, e o mau é rejeitado.

A afirmação primordial seria, portanto, a constatação de um "sim" anterior, no juízo de atribuição, que confere existência aos objetos. Negar algo é função intelectual do juízo, logo, algo que é inaceitável pode ser expresso sob a condição de ser negado. O juízo negativo agiria como um substituto da repressão. Quando o sujeito diz "eu não sou racista", essa seria, portanto, uma forma de afirmar-se racista, desde que o conteúdo seja negado. Práticas ou falas racistas e preconceituosas ocorrem e são negadas. Negamos que somos uma nação racista, ao mesmo tempo que em nosso país ocorrem quase duas vezes mais homicídios de pessoas negras do que de pessoas brancas[45].

Tânia Corghi Veríssimo, uma das autoras do livro *O racismo e o negro no Brasil: questões para a Psicanálise*, aponta que as

---

[44] FREUD, Sigmund. (1923) "O eu e o id." In: FREUD, Sigmund. *O eu e o id, "autobiografia" e outros textos (1923-1925) — Obras completas, vol. XVI.* Trad. Paulo César de Souza. São Paulo: Companhia das letras, 2011.

[45] IPEA - Instituto de Pesquisa Econômica Aplicada & FBSP — Fórum Brasileiro de Segurança Pública. In: *Atlas da violência 2017.* Rio de Janeiro: IPEA — Instituto de Pesquisa Econômica Aplicada/FBSP — Fórum Brasileiro de Segurança Pública, 2017. Disponível no endereço: http://www.ipea.gov.br/atlasviolencia/download/2/atlas-2017. Acessado em 17 de fevereiro de 2023.

DEVIR-NEGRO

injúrias raciais estão arraigadas na cultura brasileira, muitas vezes sendo manifestadas sem que se perceba e tendo sua ocorrência privilegiada em exemplos como "ele é negro, mas é trabalhador" ou "ela é negra, mas é honesta" — manifestações racistas que têm como base a negação:

> Em seu artigo de 1925, "A negação", Freud fornece elementos que embasam esta hipótese, postulando a negação como um mecanismo que se dá no nível da linguagem e que não impede a operação do recalque. Na negação o recalque continua operando e o que vem à tona na fala do sujeito é a representação recalcada que só se manifesta na condição de um "não" em sua frase formulada. Por meio da formulação "Fulano é..., mas..." é possível, portanto tomar contato com a vigência do recalque. O sujeito que o expressa aceita intelectualmente a veiculação do conteúdo recalcado, passado por ele — e por quem escuta — sem abrir conflitos, sem cessar o recalque[46].

Dessa maneira, a negação é uma forma utilizada para que algo inaceitável ou desagradável possa vir à tona, é um instrumento da linguagem que não impede a incidência do recalque.

A negação também pode ser manifestada quando uma frase preconceituosa é dita, mas não considerada, ou seja, utiliza-se sempre uma "desculpa" para o que foi dito. A exaltação do racismo e do preconceito também faz parte da negação, pois, quando o preconceito é exposto, ele é imediatamente negado. Nega-se, portanto, o retorno do conteúdo que foi recalcado.

A partir dessa negação, um conteúdo inaceitável pode vir à tona; além disso, inúmeras práticas preconceituosas acontecem e

---

[46] KON, Noemi Moritz et. al (org.). *O racismo e o negro no brasil: questões para psicanálise*. São Paulo: Perspectiva, 2017, p. 236.

legitimam-se. Quando um discurso de alguma forma preconceituoso é emitido, sendo seguido de uma negação, tais acontecimentos têm efeitos, pois há muitos elementos envolvidos. Seus efeitos são sentidos tanto nas práticas individuais de desrespeito quanto em toda uma política de Estado, em ações e omissões das autoridades.

A negação de um racismo pode também estar contida em uma manifestação preconceituosa emitida, de qualquer forma externalizada, mas também não aceita. Esse racismo exposto e evidenciado será tratado a seguir.

A EXALTAÇÃO DOS DISCURSOS PRECONCEITUOSOS NA ATUALIDADE

A psicanálise, como um saber sobre o inconsciente contextualizado, uma teoria, está inserida em um determinado momento histórico e social. As vivências de Freud foram importantes na formulação de sua teoria em seu tempo, inclusive as experiências de preconceito e violência por ele vividas. Judeu, Freud e sua família sofreram com o antissemitismo que assolava a época.

> A contribuição de Freud dizia respeito à intolerância antissemita na Europa, à perseguição e às mazelas sofridas não só por judeus, mas também por ciganos, homossexuais, deficientes mentais e físicos, insanos, idosos senis e comunistas, na bimilenar perseguição que alcançou seu ápice nas primeiras décadas do século XX com o avanço e consolidação da ideologia assassina nazista.[47]

A psicanálise pode contribuir para a compreensão das desigualdades sociais e raciais que estão presentes em nosso país de maneira contínua em nossa história, bem como das constantes manifestações

---

[47] *Idem*, p. 23.

de preconceito às quais estamos expostos. Uma democracia social ou racial nunca foi uma realidade brasileira. Ocorre que hoje, especialmente depois do golpe de 2016, estandarte na nossa fragilidade democrática, estamos cada vez mais divididos.

Manifestações de intolerância acontecem diariamente. Atualmente, é possível assistir a uma cena de preconceito na rede ou presenciar uma injúria, sem que haja qualquer constrangimento por parte dos autores. Como sabemos, o racismo é estrutural e formador de nossa nação, não se apresentando como uma "novidade", mas é inegável também que, desde a eleição presidencial de 2018, com a consequente escolha de Jair Bolsonaro, houve uma "autorização ruidosa" para sermos racistas, utilizando as palavras de Djamila Ribeiro[48].

As autoridades políticas aparentemente sentiram-se "autorizadas" a expor o preconceito, como o que aconteceu em 2019, na véspera do dia da Consciência Negra, comemorado em 20 de novembro. Na ocasião, havia uma exposição de arte na Câmara dos Deputados em Brasília como celebração da data. Entre as obras, havia uma charge que denunciava o assassinato de jovens negros pela polícia. Um deputado não gostou da charge e destruiu-a. Outro parlamentar gravou um vídeo momentos antes do ato de vandalismo, repudiando a manifestação artística, defendendo a atuação policial e negando a prática violenta no Brasil[49].

---

[48] RODA VIVA com Djamila Ribeiro, 9 de novembro de 2020 [Vídeo]. YouTube. Disponível no endereço: https://www.youtube.com/watch?-v=jn1AtnzTql8. Acessado em 17 de fevereiro de 2023.

[49] FILHO, João. "Câmara foi racista ao passar pano em racismo de deputados do PSL". In: *The Intercept*, 24 de novembro de 2019. Disponível no endereço: https://theintercept.com/2019/11/24/racismo-psl-camara-bolsonarismo/. Acessado em 17 de fevereiro de 2023.

Infelizmente, tais atos praticados por agentes do governo, de certa maneira, autorizam que pessoas comuns os reproduzam, tornando-os cada vez mais corriqueiros. Frequentemente, muitas pessoas, quando em atitudes de preconceito ou desrespeito, filmam a si mesmas ou deixam-se filmar para que tais manifestações de agressão sejam expostas na internet e para que o mundo inteiro possa assistir[50].

Abrem-se, então, alguns questionamentos. Como é possível, nos dias atuais, alguém sem qualquer constrangimento se afirmar racista ou detentor de alguma forma de preconceito? A afirmação preconceituosa não é considerada? O ato de afirmar-se preconceituoso seria uma autorização de sê-lo ou seria um pressuposto ou garantia de que não se é efetivamente? A exposição de um ato preconceituoso tem o efeito de afirmar-se ou negar-se como detentor de tal preconceito?

O MOSTRA-ESCONDE DE NOSSO RACISMO

Para entender melhor, coloquei na plataforma Google os seguintes indicativos de busca: "frases preconceituosas de Bolsonaro". Encontrei centenas de exemplos, cito alguns.

De conteúdo racista:

> Eu fui num quilombo em Eldorado Paulista. Olha, o afrodescendente mais leve lá pesava sete arrobas. Não fazem nada!

---

[50] REDAÇÃO VEJA SÃO PAULO. "Jovens xingam funcionário de lanchonete e são acusadas de racismo". In: *Veja São Paulo*, 2 de abril de 2019. Disponível no endereço: https://vejasp.abril.com.br/cidades/bobs-racismo--jovens-xingam-funcionario/. Acessado em 17 de fevereiro de 2023.

Eu acho que nem para procriador ele serve mais. Mais de R$ 1 bilhão por ano é gasto com eles.[51]

De conteúdo homofóbico:

O filho começa a ficar assim, meio gayzinho, leva um couro, ele muda o comportamento dele. Tá certo? Já ouvi de alguns aqui, olha, ainda bem que levei umas palmadas, meu pai me ensinou a ser homem.[52]

De conteúdo machista:

Fui com os meus três filhos, o outro foi também, foram quatro. Eu tenho o quinto também, o quinto, eu dei uma fraquejada. Foram quatro homens. A quinta, eu dei uma fraquejada, e veio mulher.[53]

Dentre as inúmeras frases encontradas, destaco esses três exemplos por conterem manifestações de diferentes formas de preconceito, tais como racismo, machismo e homofobia, portanto, um devir-negro, dito de maneira clara e aberta, sem aparente constrangimento. Apesar dessas falas (ou justamente por elas?), no final do ano de 2018, seu autor foi eleito presidente do Brasil com 57,7 milhões de votos, segundo dados do Tribunal Superior Eleitoral (TSE).

---

[51] CIPRIANI, Juliana. "Veja 10 frases polêmicas de Bolsonaro que o deputado considerou 'brincadeira'". In: *Jornal Estado de Minas*, 14 de abril de 2018. Disponível no endereço: https://www.em.com.br/app/noticia/politica/2018/04/14/interna_politica,951685/10-frases-polemicas-de-bolsonaro-que-o-deputado-considerou-brincadeira.shtml. Acessado em 17 de fevereiro de 2023.

[52] *Idem, ibidem.*

[53] *Idem, ibidem.*

Buscando entender essa realidade em que o preconceito ecoa, faz laço e é apoiado na sociedade (até mesmo nas urnas), levei em consideração falas e manifestações preconceituosas ou agressivas dirigidas a alguém. A linguagem é um elemento importante pois é por meio dela que o sujeito tenta se comunicar com o outro, pretendendo entender e ser entendido.

Freud, quando da descoberta do inconsciente e da criação da psicanálise, escutou os pacientes a partir das estruturas de linguagem, como na narrativa de sonhos, atos falhos, chistes ou associação livre. A formulação do inconsciente como linguagem já estava em Freud, ainda que ele nunca tivesse utilizado essa expressão específica.

Quando nos deparamos com um discurso, uma fala, oral ou escrita, a primeira tendência é a tentativa de interpretação do seu conteúdo, buscando entender o que o autor quer expressar, o sentido que se pode extrair das palavras, a intenção do autor. Com a psicanálise, desde Freud, aprende-se que essa comunicação, por si só, é falha, conforme Dunker, Paulon e Milán-Ramos explicam:

> Esse modelo é o mais intuitivo, mas também o mais frágil quando é abordado do ponto de vista da psicanálise, pois ele supõe autonomia do sujeito em relação à linguagem, como se o eu fosse exatamente esse senhor e soberano de sua própria morada, como Freud criticou fortemente ao introduzir a noção de inconsciente. A ênfase no emissor e o entendimento da interpretação como reconstrução da intencionalidade: em deslize (ato falho), um tropeço de linguagem, um lapso, um chiste — ou seja, em todos os fenômenos que um hermeneuta talvez considerasse periféricos diante das verdadeiras intenções do autor.[54]

---

[54] DUNKER, Christian; PAULON, Clarice & MILÁN-RAMOS, J. Guillermo. *Análise psicanalítica de discursos: perspectivas lacanianas*. São Paulo: Estação das Letras e Cores, 2016, p. 50.

DEVIR-NEGRO

Lacan, no texto "A instância da letra no inconsciente ou a razão desde Freud", em defesa de sua tese de que o inconsciente é estruturado como linguagem, subverte o signo linguístico, proposto por Ferdinand de Saussure em seu *Curso de linguística geral*, em que o signo é produto da articulação arbitrária de duas instâncias: o significado e o significante[55]. Quando Lacan subverte o signo, o significante passa a ter primazia sobre o significado. No mesmo texto, Lacan acrescenta que, "para além dessa fala, é toda a estrutura da linguagem que a experiência psicanalítica descobre no inconsciente"[56].

Lacan não só subverte o signo linguístico, como o faz com toda a estrutura da comunicação, conforme veremos agora, o que será útil para o entendimento das manifestações preconceituosas. Escolhi o texto de 1956 que abre o livro *Escritos*, de Lacan pois é aí utilizado o conto de Edgar Allan Poe, "A carta roubada", de 1844, e, a partir dele, formula uma série de preceitos fundamentais[57].

Lacan extrai duas cenas do conto. Na primeira cena, uma rainha, que se encontrava sozinha, recebe uma carta misteriosa e comprometedora, cujo conteúdo não conhecemos. O rei chega ao local onde a rainha estava, logo em seguida, o ministro D também adentra o recinto. Nesse momento, a rainha coloca a carta em cima da mesa para não atrair a atenção do rei, mas atrai a atenção do ministro, que percebe tudo. O ministro pega

---

[55] LACAN, Jacques. (1957) "A instância da letra no inconsciente ou a razão desde Freud". In: LACAN, Jacques. *Escritos.* Trad. Vera Ribeiro. Rio de Janeiro: Jorge Zahar Editor, 1998.

[56] *Idem*, p. 498.

[57] LACAN, Jacques. (1956) "O seminário sobre 'A carta roubada'". In: LACAN, Jacques. *Escritos.* Trad. Vera Ribeiro. Rio de Janeiro: Jorge Zahar Editor, 1998.

PSICANÁLISE E NECROPOLÍTICA NO BRASIL

a carta que estava sobre a mesa e deixa outra em seu lugar, sem que a rainha pudesse dizer nada, em razão da presença do rei.

Na segunda cena, temos a visita de um detetive, Dupin, à casa do ministro, após 18 meses de investigações e buscas pela carta feitas sem sucesso pela polícia no local. O detetive, já em sua primeira visita, reconhece a carta, pois ela estava bem à vista. Uma carta, quando deixada às claras, não pode ser notada? Assim como o rei não percebeu a carta, também a polícia inglesa não a encontrou, mesmo depois do longo tempo de procura.

De que estou tratando? Tanto o rei quanto a polícia não percebem a carta que estava, justamente, em cima da mesa. Situação análoga ocorre com discursos preconceituosos, criminosos, que, apesar de ditos de forma clara, não são considerados. De certa forma, a exaltação de uma fala preconceituosa é um modo de colocá-la às claras, sobre a mesa, mas também é uma maneira de mantê-la escondida, na medida em que não se leva em consideração o que foi dito, favorecendo-se a repetição — não sendo consideradas, as falas insistem e voltam a repetir-se. Um segredo, como na carta ou no discurso preconceituoso, insiste, insiste e insiste em não ser compreendido ou revelado.

Outro ponto importante abordado por Lacan nesse escrito é o esquema "L" ou esquema "Z". Lacan discute a estrutura da comunicação a partir da tese de que o inconsciente é estruturado como uma linguagem, ou seja, a estrutura do inconsciente segue as leis da linguagem, "o inconsciente é que o homem seja habitado pelo significante"[58]. Ele se utiliza do signo linguístico de Saussure — para quem o signo é composto por significado e significante — e subverte-o e dando primazia ao significante. Ao fazer isso, Lacan afirma que, para a psicanálise, o mais importante é o significante,

---

[58] *Idem,* p. 39.

e não o significado das palavras. O psicanalista francês também subverte o paradigma da comunicação. Assim, quando alguém diz algo, quando emite uma mensagem, esse alguém não tem a propriedade daquele conteúdo, não é o "dono" do que vai transmitir. Essa comunicação é regida também pelo inconsciente e, por conseguinte, está sujeita às suas leis, como nos atos falhos e esquecimentos, dentre outros. Dessa maneira, tem-se a intenção de dizer algo, mas não se sabe o que vai ser dito.

Ao mesmo tempo, a pessoa a quem a mensagem foi dirigida, ao recebê-la, tem menos propriedade ainda sobre sua forma. Quem emite a mensagem é o "eu" ou ego, no sentido daquele que acha que sabe o que diz, mas também é o sujeito do inconsciente, regido por suas leis, sobre as quais não há comando do "eu". Assim como o receptor é aquele Outro que recebe o que foi dito, também é o campo da linguagem e o lugar simbólico em que se constitui, ou seja, o Outro da linguagem ou tesouros dos significantes.

Há mais um elemento tratado por Lacan que é importante para a não compreensão do que é mostrado às claras. Edgar Allan Poe, ainda em "A carta roubada", narra a habilidade excepcional de uma criança em ganhar o jogo de "par ou ímpar". O menino é vencedor desse jogo em uma proporção muito maior do que a dos 50% matematicamente esperada. O escritor relaciona essa habilidade com a sagacidade do detetive em localizar a carta roubada da rainha.

Como isso seria possível? O que fez com que a criança ganhasse mais vezes no jogo de "par ou ímpar"? Como o detetive achou a carta? Tais resultados ocorreram por ter acontecido uma identificação entre a criança e seu adversário, da mesma forma que aconteceu entre o detetive e o ministro. Essa identificação é imaginária, criticada e demonstrada por Lacan em seu esquema L.

Figura 3: Esquema L

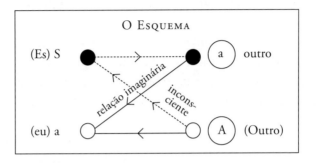

O que este esquema demonstra é que a estrutura da fala se dá quando o "S", designado como sujeito do inconsciente, dirige uma mensagem ao "a'" ou a outro, supondo que este outro vai entendê-la da maneira que o "eu" entende a mensagem, havendo uma identificação imaginária entre o "S" e o "outro". Segundo Lacan, em seu Seminário 2:

> Quando o sujeito fala com seus semelhantes, fala na linguagem comum, que considera os *eus* imaginários como coisas não unicamente *ex-sistentes,* porém reais. Por não poder saber o que se acha no campo em que o diálogo concreto se dá, ele lida com um certo número de personagens, a', a". Na medida em que o sujeito se põe em relação com sua própria imagem, aqueles com quem fala são também aqueles com quem se identifica.[59]

Lacan evidencia que o sujeito é dividido pela linguagem. Esse mesmo "S" que emite a mensagem também não tem o domínio

---

[59] LACAN, Jacques. (1954-1955) *O seminário, livro 2: O eu na teoria de Freud e na técnica da psicanálise.* Trad. Marie C. Penot. Rio de Janeiro: Jorge Zahar Editor, 2010, p. 331.

total do que é dito. Nesse sentido, o inconsciente manifesta-se. Citando Dunker, Paulon e Milán-Ramos:

> Lacan afirmava que o sujeito é dividido justamente porque a relação entre o enunciado e a enunciação jamais se unifica perfeitamente. Por exemplo, quando faço o enunciado "agora eu estou mentindo", no plano da enunciação, estou dizendo a verdade. Para Lacan, o sujeito é efeito do discurso, não o seu autor e agente, porque esse lugar da enunciação, segundo a hipótese do inconsciente, é particularmente insabido para o próprio falante.[60]

A tentativa de comunicação ou, dito de outro modo, a pretensa comunicação entre duas pessoas, ocorre em razão de o emissor da mensagem acreditar que será entendido, na medida em que ele, imaginariamente, se identifica com o receptor a quem a mensagem é dirigida. Pensemos agora no contrário: o que ocorre quando o receptor a quem a fala foi direcionada se acha previamente identificado com o emissor da mensagem? Essa identificação prévia facilitaria ou dificultaria a comunicação?

Acredito que a identificação prévia com o emissor da mensagem impossibilitaria ainda mais a comunicação e, portanto, o suposto entendimento do que foi dito e a possibilidade de que as pessoas percebam a gravidade do que foi falado. Admitir que a pessoa com quem há uma identificação tenha práticas racistas, preconceituosas, seria como admitir o racismo também em si mesmo, o que seria insuportável. Nos exemplos anteriormente

---

[60] DUNKER, Christian; PAULON, Clarice & MILÁN-RAMOS, J. Guillermo. *Análise psicanalítica de discursos: perspectivas lacanianas*. São Paulo: Estação das Letras e Cores, 2016, p. 127.

citados, as frases de conteúdo preconceituoso foram ditas por um então candidato à presidência do país, em uma campanha especialmente polarizada, na qual o candidato contava com apoio massivo, o que culminou em sua eleição. Havia, portanto, muitas pessoas identificadas com suas ideias ou propostas. As falas desse sujeito foram ditas sem nenhuma consequência para o então candidato; ele não teve que se explicar nem se justificar, foi como se nada houvesse acontecido.

Por que isso ocorreu? Minha hipótese é a de que a identificação entre emissor e receptor possa contribuir para essa não percepção dos discursos preconceituosos. Com a identificação imaginária o sujeito "troca de lugar" ou se "coloca como" aquele com quem se deu a identificação. Admitir que um conteúdo agressivo foi dito por alguém com quem há uma identificação seria o mesmo que admitir essa agressividade em si próprio. Seria como se o sujeito pensasse: "identifico-me com essa pessoa que é racista e talvez eu também tenha esse sentimento". A defesa de uma pessoa que cometeu uma fala discriminatória é, no fundo, a defesa contra os sentimentos agressivos de quem defende o agressor. Cito Lélia Gonzalez:

> E, se levarmos em conta a teoria lacaniana, que considera a linguagem como fator de humanização, ou de entrada na ordem da cultura do pequeno animal humano, constatamos que é por essa razão que a cultura brasileira é eminentemente negra. E isso apesar do racismo e de suas práticas contra a população negra enquanto setor concretamente presente na formação social brasileira.[61]

---

[61] GONZALEZ, Lélia. *Por um feminismo afro-latino-americano: ensaios, intervenções e diálogos*. Rio de Janeiro: Jorge Zahar Editor, 2020, p. 55.

DEVIR-NEGRO

Lélia Gonzalez denomina de "resistência passiva" da mulher negra, ao cuidar das crianças negras, seus filhos, e das brancas, como cuidadoras de meninos e meninas, não só na época da escravidão, como também no momento da entrada da mulher branca de classe média no mercado de trabalho e até os dias de hoje, com o importante papel de fazer com que a cultura negra permanecesse e se disseminasse em nosso país. Ela utiliza um conceito lacaniano de "sujeito suposto saber" para se referir a essas mulheres. O "sujeito suposto saber" é um conceito lacaniano ligado à transferência, a qual pode ocorrer dentro ou fora do *setting* analítico. Na aula XVIII do *Seminário 11*, Lacan considera que "a transferência é um fenômeno essencial, ligado ao desejo"[62] e acrescenta: "desde que exista em algum lugar o Sujeito Suposto Saber, existe a transferência"[63]. A mãe é para a criança como sujeito suposto saber, já que os filhos, muitas vezes, lhe atribuem um saber. Mesmo quando não são mães, as mulheres negras ligadas a crianças com laços de afeto são também como uma espécie de "mãe", às vezes exercendo, inclusive, a função da amamentação; daí esperar-se que tal vínculo se forme.

Mais um paradoxo se confirma. Nossa sociedade foi constituída com base cultural negra, africana e simultaneamente teve como formadora do laço social a identificação com o branco, com o europeu, e a consequente hostilidade ao negro. Nosso processo civilizatório tem como marca, como sintoma, de um lado, nossa africanidade cultural e, de outro a existência de vidas matáveis, vidas que são assim consideradas em razão de serem tomadas como inimigos perigosos a serem

---

[62] LACAN, Jacques. (1964) *O seminário, livro 11: Os quatro conceitos fundamentais da psicanálise [1964]*. Trad. M. D. Magno. Rio de Janeiro: Jorge Zahar Editor, 2008, p. 225.

[63] *Idem*, p. 226.

85

combatidos[64]. Como um dos frutos desse contexto, segundo o INFOPEN, Sistema de Informações e Estatísticas do Sistema Penitenciário Brasileiro, o Brasil tem a quarta maior população carcerária do mundo: aproximadamente 700 mil presos, dentre os quais, 67% são negros, ressaltando-se que 53% da população brasileira é negra, o que evidencia uma desigualdade racial das pessoas encarceradas[65].

Conforme o pensamento da filósofa pós-estruturalista estadunidense Judith Butler, essa lógica formadora da sociedade, com suas marcas, reafirma a existência de vivos que não são considerados vidas. Vivos que são constantemente exterminados, de diversas formas, por morte ou por encarceramento. Lembro que Judith Butler sofreu uma série de agressões verbais e físicas por parte de uma mulher que discordava de suas ideias, em 2017, no Aeroporto de Congonhas, em São Paulo. Essa intolerância e o desrespeito atingem quem, de alguma maneira, não faz parte do ideal, bem como aquele que denuncia essa prática de preconceito[66].

---

[64] MBEMBE, Achille. *Necropolítica: seguido de "Sobre el gobierno privado indirecto"*. Trad. E. F. *Melusina*, 2006. Disponível no endereço: https://aphuuruguay.files.wordpress.com/2014/08/achille-mbembe-necropolc3adtica-seguido-de-sobre-el-gobierno-privado-indirecto.pdf. Acessado em 17 de fevereiro de 2023.

[65] ALMEIDA, Rodolfo; MARIANI, Daniel. "Qual o perfil da população carcerária brasileira: Indicadores de gênero, raça, escolaridade e nacionalidade nos presídios e na população brasileira". *Nexo Jornal*, 3 de maio de 2018. Disponível no endereço: https://www.nexojornal.com.br/grafico/2017/01/18/Qual-o-perfil-da-popula%C3%A7%C3%A3o-carcer%C3%A1ria-brasileira. Acessado em 17 de fevereiro de 2023.

[66] NINA, F. "Filósofa Judith Butler é agredida em Congonhas antes de deixar São Paulo". In: *Época*, 10 de novembro de 2017. Disponível no endereço: https://epoca.globo.com/cultura/noticia/2017/11/filosofa-judith-butler--e-agredida-em-congonhas-antes-de-deixar-sao-paulo.html. Acessado em 17 de fevereiro de 2023.

DEVIR-NEGRO

Se, a partir do século XVI, com o colonialismo e a escravização, criamos o conceito de negro, atualmente, com o neoliberalismo, tudo que antes era exclusivo do negro passa a ser destinado às "comunidades subalternas". Trata-se do que Mbembe denomina de devir-negro do mundo, conforme escrito anteriormente, em que existe um racismo sem raça e as discriminações, segregações e preconceitos se manifestam de diversas formas e atingem várias pessoas que não fazem parte do ideal[67].

Nas formações identitárias, os ideais de hoje são criados e fortalecidos pelas enormes diferenças sociais, de gênero e de orientação sexual, especialmente em nosso país. A seguir, abordo esse processo de identificação racista que deu origem aos ideais de hoje e fez difundir práticas preconceituosas com características próprias. O preconceito que praticamos no Brasil, o "racismo à brasileira", faz parte da "neurose cultural brasileira". Nas próximas páginas escrevo sobre essa forma peculiar de preconceito, já enraizada na nossa cultura, com a intenção de entender como práticas violentas enlaçam a sociedade atual.

RACISMO À BRASILEIRA OU NEUROSE CULTURAL BRASILEIRA

Tais condições nos remetem ao mito da democracia racial enquanto modelo de representação/discurso que encobre a trágica realidade vivida pelo negro no Brasil. Na medida que somos todos iguais "perante a lei" e que o negro é "um cidadão igual aos outros", graças à lei Áurea nosso país é o grande

---

[67] MBEMBE, Achille. *Necropolítica: seguido de "Sobre el gobierno privado indirecto".* Trad. E. F. *Melusina*, 2006. Disponível no endereço: https://aphuuruguay.files.wordpress.com/2014/08/achille-mbembe-necropolc3adtica-seguido-de-sobre-el-gobierno-privado-indirecto.pdf. Acessado em 17 de fevereiro de 2023.

complexo de harmonia inter-racial a ser seguido por aqueles em que a discriminação racial é declarada. Com isso o grupo racial dominante justifica sua indiferença e ignorância em relação ao grupo negro. Se o negro não ascendeu socialmente e não participa com maior efetividade nos processos políticos, sociais, econômicos e culturais, o único culpado é ele próprio. Dadas as suas características de "preguiça", "irresponsabilidade", "alcoolismo", "infantilidade" etc. eles só podem desempenhar, naturalmente, os papéis sociais mais inferiores.

– Lélia Gonzalez[68]

No Brasil, o devir-negro sustenta diferentes formas preconceituosas, dentre as quais o mito da democracia racial, que também faz parte da negação da condição racista existente no país. Aqui utilizo o "racismo à brasileira" para referir-me à maneira com que o Brasil e o brasileiro usualmente lidam com o racismo que está na base da sua cultura. Essa maneira constitui-se como um aparente jogo no qual, quando se evidencia algo, ao mesmo tempo, o que é mostrado é, na verdade, escondido. Trata-se de um dos mecanismos prioritários que Kabelenge Munanga, no livro *O Racismo e o negro no Brasil: questões para a Psicanálise*, denomina de "racismo à brasileira"[69]. O devir-negro está presente em suas várias manifestações, em várias culturas, em diversos países, no entanto, no Brasil, frequentemente escolhemos não o ver.

---

[68] GONZALEZ, Lélia. *Por um feminismo afro-latino-americano: ensaios, intervenções e diálogos*. Rio de Janeiro: Jorge Zahar Editor, 2020, p. 38.

[69] MUNANGA, Kabengele. "As ambiguidades do racismo à brasileira". In: KON, Noemi Moritz et. al (org.). *O racismo e o negro no brasil: questões para psicanálise*. São Paulo: Perspectiva, 2017.

É sim e não. Mas o sim não é totalmente afirmativo, pois é sempre acompanhado de "mas, porém, veja bem" etc. O não também é sempre acompanhado de justificativas escapatórias. Mesmo pego em flagrante comportamento de discriminação, o brasileiro sempre encontra um jeito para escapar, às vezes depositando a culpa na própria pessoa segregada, considerando-a complexada.[70]

Haveria, então, uma tendência nacional a relativizar comportamentos ou ações racistas, assim como há uma tendência de se apregoar que o Brasil é um país livre de preconceito. Temos, ainda, as situações nas quais se admite a existência de práticas segregativas, tomando-se seu acontecimento por discriminação "apenas" social, não existindo, assim, o preconceito racial, como afirmado pelo ex-presidente da Fundação Palmares: "não existe racismo no Brasil"[71]. O devir-negro praticado em nosso país não é melhor ou pior do que as ações praticadas em outros lugares, só sua forma de expressão é que é distinta.

O que faz com que não percebamos a seriedade ou gravidade que o racismo tem? O processo de afirmação e negação tem a mesma estrutura. Como já foi dito, quando um conteúdo inaceitável foi recalcado, passa a ser submetido à lógica inconsciente, podendo vir à tona (retorno do recalcado), desde que pela via dos sonhos, atos falhos, sintomas ou chistes. A afirmação preconceituosa, a fala machista, homofóbica, racista, é

---

[70] *Idem*, p. 37.

[71] REDAÇÃO JORNAL DE BRASÍLIA. "Não existe racismo segundo o novo presidente da Fundação Palmares". In: *Jornal de Brasília*, 27 de novembro de 2019. Disponível no endereço: https://jornaldebrasilia.com.br/nahorah/nao-existe-racismo-segundo-o-novo-presidente-da-fundacao-palmares/ Acessado em 17 de fevereiro de 2023.

desconsiderada em sua violência e é imediatamente negada. Essa forma de negar o preconceito é muito presente no Brasil.

A negação compõe o que Munanga denomina de "crime perfeito" para designar o racismo praticado em nosso país. Nossa população mestiça, conjugada com a ilusão de vivermos em um ambiente de democracia racial, colabora com a consumação desse delito brasileiro. A ilusão de democracia racial é constantemente afirmada quando se tem a necessidade de negar o racismo existente ou quando dizemos "não há racismo no Brasil", na tentativa de encobrir a visão negativa de uma parte da população na sociedade. O texto "As ambiguidades do racismo à brasileira", de Munanga, esclarece que muitos brasileiros têm a tendência de negar a condição racista de nosso país com a falsa constatação de que o Brasil não é um país racista[72]. Nessa esteira, a discriminação sofrida por negros e não brancos brasileiros seria apenas devida a uma questão social, e não racial, o que torna mais difícil o combate ao preconceito.

Quando se nega o racismo, nega-se também a política de morte praticada contra as populações não brancas e a própria produção de um devir-negro. Além de não sustentar a falácia de que o racismo brasileiro não existe enquanto tal e de que ele se manifesta "apenas" por um preconceito social, com o devir-negro no mundo, a exploração produz o excluído, o estranho, o negro. Pensando com Mbembe e considerando o "devir-negro" do mundo, toda a "humanidade subalterna" está cada vez mais sendo tratada como negros[73]. Por sua vez, as desigualdades,

---

[72] MUNANGA, Kabengele. "As ambiguidades do racismo à brasileira". In: KON, Noemi Moritz et. al (org.). *O racismo e o negro no brasil: questões para psicanálise*. São Paulo: Perspectiva, 2017.

[73] MBEMBE, Achille. *Necropolítica: seguido de "Sobre el gobierno privado indirecto"*. Trad. E. F. *Melusina*, 2006. Disponível no endereço: https://

sobretudo sociais, colaboram com esse processo. O conceito de negro engloba todos que, por qualquer motivo, não estão dentro do ideal social construído: ser negro traz em si a ideia de exploração e segregação. A negação compõe e engendra a política de morte praticada no país, isto é, com a negação da condição racista, pratica-se o direito de matar.

A negação é um componente importante não apenas no racismo, mas também na necropolítica aplicada de diversas formas no país. A partir de março de 2020, com a pandemia de Covid-19, o Brasil experimentou mais uma vez o processo de negação, com a recusa de admitir a gravidade da pandemia de coronavírus, mesmo depois centenas de milhares de mortes. Autoridades políticas classificaram a doença como "gripezinha", "histeria" ou "fantasia"[74] ou quando o ex-presidente Jair Bolsonaro ao ser questionado por um repórter sobre o número de mortos pela doença no Brasil e respondeu: "não sou coveiro"[75].

Relacionando com o momento atual, pensemos nos significantes *Covid* — *Corona* — *Coveiro*. Lacan evidenciou que as palavras são tomadas como significantes ligados a outros significantes — não se atrelam a um significado, mas a outro

---

aphuuruguay.files.wordpress.com/2014/08/achille-mbembe-necropolc3ad-tica-seguido-de-sobre-el-gobierno-privado-indirecto.pdf. Acessado em 17 de fevereiro de 2023.

[74] CONGRESSO EM FOCO. "'Gripezinha' e 'histeria': cinco vezes em que Bolsonaro minimizou o Coronavírus". In: *Congresso em foco,* 1º de abril de 2020. Disponível no endereço: https://congressoemfoco.uol.com.br/governo/gripezinha-e-histeria-cinco-vezes-em-que-bolsonaro-minimizou-o-coronavirus/. Acessado em 17 de fevereiro de 2023.

[75] UOL — SP. "Eu não sou coveiro", diz Bolsonaro sobre número de mortes por covid-19. In: *UOL — Política,* 4 de abril de 2020. Disponível no endereço: https://noticias.uol.com.br/politica/ultimas-noticias/2020/04/20/eu-nao-sou-coveiro-diz-bolsonaro-sobre-numero-de-mortes-por-covid-19.htm. Acessado em 17 de fevereiro de 2023.

PSICANÁLISE E NECROPOLÍTICA NO BRASIL

significante. No seu *Seminário 5*, afirma que "chegamos à noção de que, no decorrer de um discurso intencional em que o sujeito se apresenta como querendo dizer alguma coisa, produz-se algo que ultrapassa seu querer, que manifesta como um acidente, um paradoxo, ou até um escândalo"[76].

Com o inconsciente estruturado como uma linguagem, Lacan prioriza o significante, com sua capacidade de deslizamentos para outros significantes, constituindo cadeias e, a partir delas, algo do sujeito se revela. Como no caso do significante *coveiro*, o deslizamento *covid-corona* demarca a presença do inconsciente, trazido à luz pelos signos na cadeia significante, revelando a verdade não manifestada do sujeito.

Utilizarei outra cena do cotidiano para exemplificar "o racismo à brasileira" a que Munanga faz referência em seu texto[77]. Uma jovem negra revela que muitas vezes é seguida ao ir ao *shopping*. Os seguranças do estabelecimento seguem-na e vigiam-na o tempo todo. Além disso, quando a jovem decide falar sobre o preconceito vivido para os seus familiares, eles não legitimam seu sofrimento. A família diz "isso não aconteceu" ou "isso é coisa da sua cabeça", chegando a perguntar se ela estava "desarrumada". Como disse Munanga em uma citação anterior, que repito aqui por considerar relevante para evidenciar nossa forma de sermos preconceituosos, "mesmo pego em flagrante comportamento de discriminação, o brasileiro sempre encontra um jeito para escapar, às vezes depositando a culpa na própria pessoa segregada, considerando-a complexada"[78].

---

[76] LACAN, Jacques. (1957-1958) *O seminário, livro 5: As formações do inconsciente*. Trad. Vera Ribeiro. Rio de Janeiro: Jorge Zahar Editor, 1999, p. 54.

[77] MUNANGA, Kabengele. "As ambiguidades do racismo à brasileira". In: KON, Noemi Moritz et. al (org.). *O racismo e o negro no brasil: questões para psicanálise*. São Paulo: Perspectiva, 2017.

[78] *Idem*, p. 37.

Essa forma de lidar com o preconceito racial em nosso país pode ser estendida a outras formas segregativas, a um devir-negro. Nesse sentido, não nos afirmamos como machistas, embora as mulheres sofram constantemente com o preconceito/violência. O Ministério da Saúde registra que, no Brasil, a cada quatro minutos, uma mulher é agredida por ao menos um homem e sobrevive a essa agressão. Em 2018, foram registrados mais de 145 mil casos de violência física, sexual ou psicológica em que as vítimas sobreviveram. Segundo o IPEA, em 2017, houve 4.396 assassinatos de mulheres no país[79].

De semelhante forma, não nos afirmamos como homofóbicos apesar de haver grande violência e preconceito em relação aos homossexuais. Segundo dados fornecidos pelo serviço "Disque 100", do Ministério da Mulher, da Família e dos Direitos Humanos (MDH), o Brasil registrou, em 2019, 1.685 denúncias de violência contra a população LGBTI (lésbicas, *gays*, bissexuais, transexuais, intersexuais).

Mostrar-se preconceituoso seria "apenas manifestar uma opinião"? Estão todos autorizados a expor manifestações de segregação e violência de maneira livre? Trata-se de liberdade de expressão?

Outra faceta do devir-negro praticado em nosso país, que também pode relacionar-se com o que denomino de "mostra-esconde do nosso racismo", é do branco como ideal e seus reflexos em nossa prática racista. O Brasil, devido à colonização europeia, tem o branco europeu como ideal; por consequência, os negros ou não brancos são desvalorizados ou postos à margem.

---

[79] IPEA - Instituto de Pesquisa Econômica Aplicada & FBSP - Fórum Brasileiro de Segurança Pública. In: *Atlas da violência 2017*. Rio de Janeiro: IPEA — Instituto de Pesquisa Econômica Aplicada/FBSP — Fórum Brasileiro de Segurança Pública, 2017. Disponível no endereço: http://www.ipea.gov.br/atlasviolencia/download/2/atlas-2017. Acessado em 17 de fevereiro de 2023.

Ao pensarmos o racismo no Brasil, a partir de um devir-
-negro, como um sintoma coletivo, primeiramente, temos que
refletir sobre a identificação do branco como um ideal e a eleição do negro como estranho ou estrangeiro, contra o qual é
depositada a agressividade. Nas palavras de Maria Beatriz Costa
Carvalho Vannuchi, uma das autoras do livro *O racismo e o negro
no Brasil: questões para a psicanálise*:

> O fato de o Brasil, como nação, ter nascido dividido entre
> "homens superiores e livres" e "seres inferiores cativos" inscre-
> veu uma marca. O outro, diferente pelos seus traços, pela cor,
> pelos cabelos, por sua origem geográfica, carrega um estigma
> instalado no lugar do estrangeiro e escravizado pelos "brasilei-
> ros" descendentes dos europeus.[80]

Na psicanálise, entende-se o conceito de ideal de eu a partir
de Freud, em *Introdução ao narcisismo*, texto em que ele define o
eu, o eu ideal e o ideal do eu. O eu é analisado a partir das pul-
sões de autoconservação e eróticas, oscilando no campo do eu
e do objeto, na distribuição libidinal. No narcisismo primário,
existe o eu ideal, instância imaginária em que o eu do sujeito é
tido como o próprio ideal, e a alteridade não é considerada. Já no
ideal do eu, instância simbólica, o ideal é um outro, e não mais
o próprio sujeito. A alteridade está presente, e o próprio corpo
já não é o ideal, regulando-se, assim, a existência do sujeito, que
passa a fazer determinadas coisas, a agir de determinada maneira
para ser reconhecido.

---

[80] VANNUCHI, Maria Beatriz. "A violência nossa de cada dia". In: KON,
Noemi Moritz et. al (org.). *O racismo e o negro no brasil: questões para psicanálise*. São Paulo: Perspectiva, 2017, p. 63.

DEVIR-NEGRO

Fanon analisa os aspectos do ideal branco quando trata das relações interétnicas em suas questões individuais e sociais[81]. Nessas relações, segundo o autor, há mais do que o desejo entre um casal, há também um ideal de embranquecimento em jogo. O ideal branco traz consigo a ideia dos relacionamentos interétnicos e a possibilidade de embranquecimento dos descendentes, com o que se efetiva a fuga ilusória da exclusão.

O ideal de branco está em nossa cultura, havendo, no Brasil, uma ausência de identidade racial, como assinala Sueli Carneiro. Com o ideal de branqueamento, tem-se a divisão tipicamente brasileira entre negros e pardos, divisão essa que forma ambiguidades. O ideal está relacionado com a maneira como agimos, "escondendo/mostrando" a condição negra, criando a dificuldade de se enfrentar o racismo com mais força. Em sua entrevista para a revista *Cult*, Sueli Carneiro diz:

> A bem da verdade, é um filme de terror. Por mais que a gente saiba e tenha lido em várias pensadoras e pensadores que a liberdade exige uma vigilância persistente, que a conquista de direitos é uma luta permanente, que retrocessos são possíveis, não estava no horizonte utópico de ninguém, a não ser como pesadelo, a possibilidade de conquistas estarem em risco e algumas já perdidas efetivamente em um espaço tão curto de tempo.[82]

A realidade apresenta-se violenta, e ficam à mostra as manifestações preconceituosas. Com essa demonstração, autoriza-se

---

[81] FANON, Frantz. *Pele negra, máscaras brancas*. Trad. R. da Silveira. Salvador: EDUFBA, 2008.

[82] CARNEIRO, Sueli. "Sobrevivente, testemunha e porta-voz". Entrevista concedida a Bianca Santana. In: *Revista Cult*, 9 de maio de 2017. Disponível no endereço: https://revistacult.uol.com.br/home/sueli-carneiro-sobrevivente--testemunha-e-porta-voz/. Acessado em 17 de fevereiro de 2023.

PSICANÁLISE E NECROPOLÍTICA NO BRASIL

uma série de atos, com ameaça aos direitos ou sua perda efetiva. Carneiro prossegue:

> Embora tudo isso, digamos, estivesse intelectualmente assentado em nós, depois de tanta luta, depois de vencer uma ditadura militar, de conquistar uma perspectiva de esquerda em termos de proposta de governo, sustentada por um conjunto de compromissos que eram expressão de uma luta emancipatória de uma população historicamente silenciada ou oprimida, marginalizada socialmente; quando pela primeira vez na história desse país a gente pode perceber que haveria a possibilidade de estabelecer uma agenda inclusiva, emancipatória, reparatória na nossa construção violenta, com a escravização de povos africanos, de extermínio de populações indígenas, tudo entra em colapso em breve espaço de tempo.[83]

Há outro aspecto inerente a essa negação praticada pelo "racismo à brasileira": com a tentativa de encobrimento do preconceito, ocorre uma forma de negação da necropolítica praticada. Como escrito anteriormente, o racismo não é assumido como uma problemática, na medida em que constitui as formas de organização social e processos "civilizatórios" pelos quais os sujeitos se enlaçam com a cultura. Munanga considera "o racismo brasileiro 'um crime perfeito', pois além de matar fisicamente, ele alija, pelo silêncio, a consciência tanto das vítimas quanto da sociedade como um todo, brancos e negros"[84]. Nas palavras de Vannuchi, em *O racismo e o negro no Brasil: questões para a Psicanálise*:

---

[83] *Idem, ibidem.*

[84] MUNANGA, Kabengele. "As ambiguidades do racismo à brasileira". In: KON, Noemi Moritz et. al (org.). *O racismo e o negro no brasil: questões para psicanálise.* São Paulo: Perspectiva, 2017, p. 40.

"o corpo negro pode ser vivido como uma ferida aberta ou um objeto perseguidor", e a consumação do crime perfeito se daria quando "o negro busca se 'branquear', como a negação da própria existência"[85]. O neoliberalismo cria os seus excluídos, pessoas que não têm acesso a determinadas coisas e a determinados lugares. Lembremo-nos do caso da jovem negra discriminada em um *shopping*, palco onde algumas pessoas têm acesso a muitos bens e locais de consumo, outras só podem frequentá-lo para trabalho e outras simplesmente não podem visitá-lo. Outro ponto relevante é a organização da cidade, sendo o racismo parte fundante dessa organização, pois "determinados" lugares são para "determinadas" pessoas. Na cidade, os espaços são delimitados, e a circulação, de certa maneira, é controlada. Além disso, há espaços onde a morte é permitida. Conforme Renato Nogueira, filósofo brasileiro, estudioso das questões raciais, escreve:

> O que está em jogo é a produção de "cidades", ou ainda, zonas deliberadamente demarcadas como territórios em que o livre direito ao assassinato está consagrado. Considerando que tal análise suscita uma "série de perguntas empíricas e filosóficas", vale a pena ilustrar com comentários feitos no ano de 2007 pelo então secretário de segurança pública do Estado do Rio de Janeiro: "Um tiro em Copacabana é uma coisa. Na Favela da Coreia é outra".[86]

---

[85] VANNUCHI, Maria Beatriz. "A violência nossa de cada dia". In: KON, Noemi Moritz et. al (org.). *O racismo e o negro no brasil: questões para psicanálise.* São Paulo: Perspectiva, 2017, p. 67.

[86] NOGUERA, Renato. "Dos condenados da terra à necropolítica: Diálogos filosóficos entre Frantz Fanon e Achille Mbembe". In: *Revista Latinoamericana do Colégio Internacional de Filosofia*, 1(3), 2016, p. 67. Disponível no endereço: http://www.revistalatinoamericana-ciph.org/wp-content/uploads/2018/02/RLCIF-3-Dos-condenados-da-terra.pdf. Acessado em 17 de fevereiro de 2023.

Desse modo, um tiro tem maior ou menor importância de acordo com o local onde foi disparado. Em nosso país, há determinados locais onde vivem determinadas pessoas nos quais se pratica uma violência legitimada. Dito de outro modo, uma vida atingida por uma arma de fogo tem mais ou menos relevância, dependendo do local onde a pessoa vive. O que é uma vida? Levando em conta a existência de operações de poder pelas quais a vida é constituída, mesmo com as práticas violentas e racistas que acontecem sempre — como a morte de um jovem de 14 anos pela polícia, dentro de casa, em maio de 2020[87] — há uma negação do racismo praticado. O Brasil não considera esses crimes pela gravidade que eles têm; nós os negamos.

Há uma clara divisão. Usando as palavras de Butler, há uma diferença entre vivo e vida[88]; nessa lógica, existem vidas que já nascem para morrer, ou seja, são vidas precárias e não passíveis de luto — pessoas que não correspondem ao ideal, que estão à margem da sociedade por algum motivo. Nas palavras de Mbembe, "devir-negro" explicita a condição daqueles que estão sujeitos a práticas violentas, que, mesmo acontecendo de forma clara, são negadas[89]. É possível pensar a invasão policial a uma residência de uma pessoa de classe média e de disparos fatais contra um adolescente branco de 14 anos?

---

[87] G1 — Rio. "Morte de adolescente João Pedro durante ação policial causa comoção na web". In: *G1 — Globo*, 19 de maio de 2020. Disponível no endereço: https://g1.globo.com/rj/rio-de-janeiro/noticia/2020/05/19/morte-do-menino-joao-pedro-durante-acao-policial-causa-comocao-na-web.ghtml. Acessado em 17 de fevereiro de 2023.

[88] BUTLER, Judith. *Quadros de guerra: quando a vida é passível de luto*. Rio de Janeiro: Civilização Brasileira, 2015.

[89] MBEMBE, Achille. *Crítica da razão negra*. Trad. S. Nascimento. São Paulo: n-1 edições, 2019.

DEVIR-NEGRO

As vidas são situadas — há uma localização da vida. Certas vidas são pensadas em relação à morte. Esse enquadramento perpassa a questão racial, pois, para certos grupos, a violência é permanente: os negros sempre sofreram com a violência, que se torna naturalizada e invisibilizada. Assim, em nosso país, vivemos com a possibilidade de ocorrer uma comoção muito maior pela morte de um cachorro em um supermercado do que pela de um adolescente negro e pobre no mesmo tipo de estabelecimento[90].

Porém, como afirmado anteriormente, a questão segregativa e de prática de violência, apesar de perpassar a questão racial, não se esgota nela. O que quero deixar claro é que o devir-negro e o preconceito se apresentam e segregam todos que estão à margem da estrutura criada pelo capitalismo. Um homossexual, um transexual, uma pessoa pobre, moradores de bairros periféricos ou nordestinos que migraram para outras regiões, mulheres; todos aqueles que, de alguma forma, são excluídos.

O racismo negado, ou racismo à brasileira (Munanga), ou neurose cultural brasileira (Lélia Gonzalez), desqualifica as reivindicações de quem é excluído, na medida em que afirma que nosso país é livre de preconceitos.

Como já foi discutido, o que nos faz interrogar o preconceito como fenômeno do nosso presente é justamente o fato de que um dos mecanismos privilegiados atualmente é a sua afirmação, a sua exaltação. Negar ou camuflar o preconceito constitui-se, inclusive, como uma prática a ser combatida, pois regula a prática preconceituosa. Essa negação se constitui como tentativa de

---

[90] TOP MÍDIA NEWS. "Cachorro é espancado quase até a morte e envenenado em seguida, dentro de mercado". In: *MS Notícias*, 3 de dezembro de 2018. Disponível no endereço: https://www.msnoticias.com.br/editorias/geral-ms-noticias/cachorro-e-espancado-quase-ate-a-morte-e-envenenado-em-seguida-dentro/84371/. Acessado em 17 de fevereiro de 2023.

PSICANÁLISE E NECROPOLÍTICA NO BRASIL

manutenção da possibilidade de dizer certas enunciações violentas baseando-se em argumentos sobre liberdade de expressão, pois, nessa lógica, considerar criminosas certas práticas/enunciações seria uma forma de cerceamento. Há, então, um jogo em que a necessidade de negar que uma prática/enunciação é preconceituosa faz parte de um processo que asseguraria as liberdades.

O preconceito, assim, acentua a sua afirmação, deslocando-se do problema de ser preconceituoso para o problema de ser criminalizado por tal razão. Isso permite que o campo de visibilidade seja em relação à criminalização do ato/sujeito preconceituoso, e não propriamente do efeito do preconceito no nosso cotidiano, em termos de extermínio e desqualificação de vidas. O racismo, em sua estrutura, aliado à sua negação, ou a sua negação se efetivando na sua prática ostensiva, é um modo de enlace da sociedade atual.

A sociedade institui-se com a união dos sujeitos em torno de algo que faz com que as pessoas permaneçam ligadas entre si, o que Lacan denominou de laço social. No próximo capítulo, trato especificamente do laço social e trabalho as possibilidades do antigo preconceito existente, sustentado em uma lógica racista, ter tomado corpo e ganhado voz, fazendo laço, na atualidade, entre número grande de pessoas. Além do entendimento do laço social como questão/conceito, analiso narrativas do nosso cotidiano sobre a relação da negação e da exaltação do preconceito nos discursos racistas como formadores do laço social. Para isso, o discurso de mestre e do capitalista são conceitos que auxiliam a pensar como o preconceito faz laço social.

DISCURSO RACISTA
– FORMADOR DE LAÇO SOCIAL

Nenhuma criança nasce racista, homofóbica ou classista,
mas pouco a pouco repete as posições ideológicas de seus
pais e influenciadores mais próximos e segue repetindo
inconscientemente os discursos que povoam seu inconsciente.
Até que ponto não podemos então pensar como objeto de pesquisa
e reflexão sobre o Inconsciente racista, o Inconsciente machista,
o Inconsciente homofóbico como discurso do Outro?

— ANTONIO QUINET

AS DIVERSAS FORMAS de preconceito, como vimos, estão cada vez mais presentes em nossa realidade. Conforme discutido nos capítulos anteriores, violências ocorrem cotidianamente, tanto na internet quanto na Câmara dos Deputados ou em campanhas eleitorais. Podemos, então, considerar o racismo um sintoma social, ou neurose cultural brasileira, estando na base da estrutura da sociedade ocidental e, portanto, do Brasil. Esse racismo estrutural possibilita a ocorrência das diversas manifestações preconceituosas.

Pensando na realidade social em que estamos inseridos, na maneira pela qual as pessoas constituem suas relações, neste capítulo, analiso os discursos que circulam na sociedade atual, especialmente no Brasil, e como a psicanálise pode nos ajudar a compreender a constituição do laço social a partir de uma estrutura racista. Trata-se de entender o preconceito, abrangendo diversas formas de manifestações de um devir-negro. O racismo/colonialidade age como elemento formador das sociedades

DISCURSO RACISTA — FORMADOR DE LAÇO SOCIAL

contemporâneas e, como veremos neste capítulo, está contido no que Lacan denominou de laço social.

Minha intenção aqui é, com base na negação do preconceito, compreender como o devir-negro de Mbembe estrutura nossa sociedade ao enlaçar ou ligar as pessoas e autorizar a exaltação de práticas preconceituosas no país. Assim, volto à questão: como o discurso preconceituoso enlaça a sociedade brasileira?

Conforme apontado, nas falas de Sueli Carneiro[1] e Djamila Ribeiro[2], as manifestações violentas ganharam palco e estão sendo emitidas mais frequentemente de maneira pública, em espaços reais ou virtuais. Dessa forma, passaram a enlaçar muitos indivíduos e, por conseguinte, a afetar pessoas que até aquele momento não tinham sido tocadas tão diretamente pelo preconceito.

Para deixar mais claro o que intenciono demonstrar, sugiro que voltemos à cena que conto no início do livro, na qual uma senhora se autoproclamou racista, sem constrangimento. Algo incidiu sobre os discursos sociais para que fosse possível aquela fala. Aquela senhora sentiu-se autorizada e, de certo modo, livre para dizer isso diante de pessoas que ela não conhecia. Tal fato foi possível porque, em alguma medida, o discurso atual colaborou com sua realização ou a possibilitou.

O ser humano é eminentemente social, e as pessoas estabelecem relações entre si que são sustentadas pelo discurso em determinada época, em determinada cultura, formando o laço social. Como o mundo é constituído pela linguagem, as relações

---

[1] CARNEIRO, Sueli. "Sobrevivente, testemunha e porta-voz". Entrevista concedida a Bianca Santana. In: *Revista Cult*, 9 de maio de 2017. Disponível no endereço: https://revistacult.uol.com.br/home/sueli-carneiro-sobrevivente--testemunha-e-porta-voz/. Acessado em 17 de fevereiro de 2023.

[2] RIBEIRO, Djamila. *Lugar de fala* (Col. Feminismos Plurais). São Paulo: Editora Jandaíra, 2019. [Edição do Kindle]

se estabelecem a partir dela. Pensando nisso, pode-se perceber que as relações são orientadas pelos discursos por meio dos quais o laço social se estabelece, relacionando o social e o individual. Citando Quinet:

> A civilização, nos indica Freud, exige do sujeito a renúncia pulsional, sem a qual ele não poderia estar em sociedade com o outro. Para Lacan, trata-se de uma "canalização" ou, em outros termos, de um enquadramento do gozo, de um esquadrinhamento do campo do gozo pelos laços sociais que o compõem. Os laços sociais são compostos pelo gozo que a linguagem limita e enquadra, sendo esta responsável pelo estabelecimento do vínculo e por sua manutenção, impedindo, dessa forma, sua ruptura. Devido a essa característica linguageira — que não passa necessariamente pelas palavras faladas —, Lacan denomina os laços sociais de discursos. Pois, de fato, eles se sustentam e equivalem aos discursos — narrativas, descrições, coordenadas, regras, normas — que se tecem sobre eles.[3]

Freud percebeu logo que havia algo além do Eros, ou libido, no laço entre os membros de uma sociedade[4]. A psicanálise ensina que há "luta entre Eros e instinto de morte. Ela caracterizaria o processo cultural que se desenrola na humanidade, mas se refere também ao desenvolvimento do indivíduo"[5].

---

[3] QUINET, Antonio. *Os outros em Lacan*. Rio de Janeiro: Jorge Zahar Editor, 2012, p. 35-36. [Edição do Kindle]

[4] SOLER, Colette. *O que faz laço?* Trad. E. Saporiti e C. Oliveira. São Paulo: Escuta, 2016.

[5] FREUD, Sigmund. (1930) "O mal-estar na civilização". In: FREUD, Sigmund. *O mal-estar na civilização, novas conferências introdutórias à psicanálise e outros textos. Obras completas, vol. XVIII*. Trad. Paulo César de Souza. São Paulo: Companhia das letras, 2010, , p. 113.

DISCURSO RACISTA — FORMADOR DE LAÇO SOCIAL

Se, como já vimos, todo ato humano é revestido de racismo[6], entendemos que o racismo se torna um dos modos de enlace do sujeito com a cultura, ou seja, ele permite que o sujeito se constitua por um coletivo — por uma horda — e que ao mesmo tempo constitua esse próprio coletivo; é o produto e produtor de diferentes formas de preconceito. É importante assinalar que o fato de todo ato humano ser revestido de racismo não significa considerar o racismo incontornável; ao contrário, há que questioná-lo para encontrar uma saída possível. O racismo é produto do discurso e advém quando não há uma renúncia ao gozo, renúncia esta que é inerente à vida em sociedade.

Para que possamos compreender o que nos une enquanto civilização, de início, procurarei compreender como a psicanálise entende o laço social. Para Soler, o laço social diz respeito apenas sobre a divisão de um mesmo espaço físico, de uma mesma sociedade. Há, segundo a autora, um inominável, um real que funda o laço social: "não existe civilização que não seja um tipo de laço"[7].

LAÇO SOCIAL EM FREUD

O homem e sua maneira de formar laços sociais sempre foram objetos de reflexão da psicanálise. Freud se questionava sobre como uma civilização se estrutura. Em seus textos, como "Psicologia das massas e análise do eu", "Moisés e monoteísmo", "Três ensaios" "Totem e tabu" e "O mal-estar na civilização", percebe-se que existe algo além de corpos que vivem juntos, há um a mais que liga os sujeitos.

---

[6] LACAN, Jacques. (1973) "Televisão". In: LACAN, Jacques. *Outros escritos*. Trad. Vera Ribeiro: Rio de Janeiro: Jorge Zahar Editor, 2003.

[7] SOLER, Colette. *O que faz laço?* Trad. E. Saporiti e C. Oliveira. São Paulo: Escuta, 2016, p. 17.

PSICANÁLISE E NECROPOLÍTICA NO BRASIL

Em "Totem e tabu", Freud começa discorrendo sobre os pontos de concordância existentes entre as sociedades primitivas, estudados pela antropologia, e o funcionamento do sujeito desvelado pela psicanálise. Ele acrescenta que o desejo e o horror em relação ao incesto refletem, no fundo, o mesmo desejo e estão presentes em todos os sujeitos, em todas as sociedades, da antiguidade à modernidade. Quando relaciona as observações sobre as sociedades primitivas, Freud realça a existência de um sistema totêmico que tem a função de estruturar as relações entre os membros de tais sociedades[8].

Subdivididas em grupos menores, as sociedades são organizadas mediante seu totem. O totem é julgado como sagrado e determina como esse subgrupo deve organizar-se, incluindo a proibição de relações sexuais entre os membros do mesmo totem, por serem consanguíneos, como ocorre até hoje nas sociedades modernas. Nesse contexto, surge o estudo do tabu. Freud atribui importância ao tabu por perceber uma íntima relação entre os tabus primitivos e a organização de nossas sociedades.

O tabu, como uma proibição de origem é incerta, traz consigo a ideia de proteção contra um perigo ou ameaça, e sua violação é passível de punição. O castigo pela quebra do tabu coloca o objeto do desejo como algo fora de alcance. Revelando a expressão do temor ao desejo, Freud sustenta que esse paradoxo persiste em todos os sujeitos. Freud escreve sobre a mítica "comunidade primeva", constituída por um pai extremamente tirano, juntamente com seus descendentes. Os últimos não tinham qualquer liberdade e o pai tirano tinha direito ao

---

[8] FREUD, Sigmund. (1913) "Totem e tabu". In: FREUD, Sigmund. *Totem e tabu, contribuição à história do movimento psicanalítico e outros textos (1912-1914) — Obras completas, Vol. XI.* Trad. Paulo César de Souza. São Paulo: Companhia das letras, 2012.

DISCURSO RACISTA — FORMADOR DE LAÇO SOCIAL

acesso absoluto a todas as mulheres. Freud explica que a tirania do pai causou revolta nos filhos, que se organizaram para aniquilá-lo. Com a morte do pai tirânico, os filhos devoraram-no em um banquete. Culpados pela morte do pai, os filhos ergueram um totem em homenagem à figura paterna. Perceberam também que, por meio da força, é possível fazer coisas horríveis, que todos são potencialmente tiranos e que ninguém pode ser o detentor de um prazer absoluto, sem regras. Assim, surge a necessidade da lei para organizar as sociedades.

Com esse mito, Freud articula a passagem do pai tirano ao pai simbólico, que dita os códigos morais e sociais. O mito de "Totem e tabu" é usado por ele para designar esse mal-estar, como ele nomeia, ou real, como designa Lacan[9], a fim de evidenciar a perda original e fundadora de toda sociedade. Portanto, para se viver em sociedade, é preciso renunciar a um prazer absoluto de viver sem regras.

Foi em "Totem e tabu" que Freud desenvolveu sua tese sobre a união dos homens, mito este que funda a civilização, a sociedade. O assassinato do pai primevo, tendo como consequência o totemismo, evidencia um corte que marca o surgimento do laço social. Conforme Soler:

> Com efeito, o mito é precisamente uma narração fabulatória, mas cuja função é designar um real, um impossível de se formular. Qual real, neste caso? Aquele de uma perda original como condição primária e fundadora de todos os laços de qualquer sociedade. No mito freudiano, trata-se da perda do objeto de gozo absoluto que designa o "todas as mulheres" do Pai primitivo, ao qual cada membro da horda supostamente aspirava

---

[9] LACAN, Jacques. (1972) "O aturdito". In: LACAN, Jacques. *Outros escritos*. Trad. Vera Ribeiro: Rio de Janeiro: Jorge Zahar Editor, 2003.

e que se torna proibido depois da morte do pai. Proibido não mais pela força do Pai das origens, mas doravante, proibido pela lei contratual à qual se submetem os irmãos. Vê-se que essa lei segundo a morte metaforiza, faz passar ao simbólico o obstáculo real que era o suposto Pai primitivo da história na concepção de Freud.[10]

Como mitificado por Freud, Lacan considera que "Totem e tabu" evidencia a necessidade de haver uma perda original para fundar-se o laço social[11]. Assim, a perda ou a falta de gozo é o que torna possível a vida em sociedade. A perda, no entanto, é ressentida pelo sujeito e acaba por fazê-lo eleger um culpado, um responsável por aquela falta; por consequência, o sujeito dirige a este a agressividade, promovendo, em última instância, o preconceito. A união dos iguais pressupõe a exclusão dos "diferentes" (que talvez nem sejam tão diferentes assim, como será abordado mais à frente).

Pensemos no panorama atual do Brasil. O que efetivamente ocorre é a união dos ditos "cidadãos de bem", expressão que denomina a porção mais conservadora de nossa sociedade, com a separação daqueles que não se enquadram nesse ideal. Voltando à cena do almoço festivo em que uma senhora se declara racista, é de se pensar que talvez ela tenha suposto que minha família e eu estivéssemos enlaçadas por esse discurso preconceituoso e também identificadas com esse ideal; ou, por um significante qualquer da branquitude, ela pode ter nos considerado "iguais" e se sentiu à vontade para manifestar seu

---

[10] SOLER, Colette. *O que faz laço?* Trad. E. Saporiti e C. Oliveira. São Paulo: Escuta, 2016, p. 18.

[11] LACAN, Jacques. (1972) "O aturdito". In: LCAN, Jacques. *Outros escritos.* Trad. Vera Ribeiro: Rio de Janeiro: Jorge Zahar Editor, 2003.

DISCURSO RACISTA — FORMADOR DE LAÇO SOCIAL

preconceito claramente, demonstrando grande hostilidade e dificuldade de lidar com a alteridade, com o outro em sua diferença. Conforme Kon et al.

Conceituações que nos permitiram elaborar algo sobre a dificuldade de se lidar com o outro em sua diferença, pensar algo sobre o ódio e a violência praticados sobre aquele a quem tornamos — em função do nosso discurso ideológico, antidemocrático, antirrepublicano e discriminatório, sustentado para a criação de uma realidade estabelecida para a manutenção da disparidade, da dominação e do privilégio — estrangeiro, indesejável e, assim, negativamente desigual, ao adotarmos como padrão de verdade e beleza o Eu ideal narcísico (em nosso caso do branco colonizador), o que Freud denominou "ego prazer purificado" convertendo em aversivo e abjeto — e não em alteridade fertilizadora — aquilo que passa a ser configurado como não-Eu, um não-Eu, apenas para ser explorado por nós.[12]

> Pode-se, assim, pensar que a hostilidade entre indivíduos ou grupos acontece em virtude dos contrastes entre eles; que a agressividade pode advir da existência de "diferenças" de qualquer ordem, tais como, econômicas, culturais, sociais etc.; e que tais diferenças favorecem os conflitos. Ocorre que, além da agressividade existente nas relações entre grupos ou indivíduos com grandes divergências, muitas vezes, a hostilidade se dá também entre indivíduos ou grupos que apresentam muitas semelhanças entre si, guardando poucos contrastes. Neste momento, apresento como a psicanálise pode contribuir para a compreensão dessa agressividade entre as pessoas.

---

[12] KON, Noemi Moritz et. al (org.). *O racismo e o negro no brasil: questões para psicanálise.* São Paulo: Perspectiva, 2017, p. 20.

NARCISISMO DAS PEQUENAS DIFERENÇAS

Um vídeo que circulou nas redes sociais mostra uma mulher ofendendo um casal dentro de uma clínica veterinária no interior do estado de São Paulo. Entre as ofensas, com ataques homofóbicos, a mulher dizia que não achava que homofobia fosse crime e acrescentou: "Estou falando que é homem com mulher. Não homem com homem e mulher com mulher. Está ouvindo? Isso não é de Deus". Como podemos compreender essa agressividade? Ou, dito de outra maneira, quais as condições que contribuem para que um evento como esse aconteça[13]?

Retomo que, apesar de sermos um país de estrutura eminentemente racista, o que faz as manifestações preconceituosas serem uma constante, algo se alterou recentemente, e o discurso preconceituoso ganhou voz, fazendo laço entre as pessoas. Paralelamente, as pessoas que eram vítimas dessas violências, ao lado de algumas outras que não concordam com tais manifestações, também se juntaram contra esse tipo de acontecimento. Proponho que pensemos no Brasil de hoje. Busco um olhar sobre a sociedade brasileira, que se encontra separada, dividida entre os ditos "cidadãos de bem", representantes da camada mais conservadora da sociedade, em que se enquadra a figura da mulher que ofende o casal na clínica veterinária, e aqueles que não representam essa parcela da sociedade por estarem, de algum modo, fora do ideal preconizado pelos primeiros. Será que há grandes diferenças entre esses dois grupos? Podem-se perceber grandes contrastes?

---

[13] G1 – Rio Preto & Araçatuba. "Casal gay é vítima de ataque homofóbico em clínica veterinária: 'Isso não é de Deus', diz agressora". In: *G1 – Globo*, 28 de setembro de 2020. Disponível no endereço: https://g1.globo.com/sp/sao-jose-do-rio-preto-aracatuba/noticia/2020/09/28/casal-gay-e-vitima-de-ataque-homofobico-em-clinica-veterinaria-isso-nao-e-de-deus.ghtml. Acessado em 17 de fevereiro de 2023.

DISCURSO RACISTA — FORMADOR DE LAÇO SOCIAL

Não acredito haver diferenças profundas. Somos todos brasileiros, estamos inseridos nessa cultura e, com exceção de uma minoria, precisamos trabalhar para viver. Parece ser possível encontrar mais elementos em comum do que divergentes. Como entender esses conflitos?

Freud teorizou sobre o "narcisismo das pequenas diferenças" em certos pontos de sua obra. Ele escreve que as pessoas são praticamente idênticas, com exceção de pequenas diferenças, que são a base de sentimentos de agressividade mútuos, justificando o tabu do isolamento social. Essa agressividade assume uma dimensão de exterioridade justificada — é um outro não passível de amor e, sobretudo, uma ameaça. Freud abordou o tema, pela primeira vez, no texto "O tabu da virgindade":

> cada indivíduo separa-se dos demais mediante um "taboo of personal isolation", e que justamente as pequenas diferenças, dentro da semelhança geral, motivam os sentimentos de estranheza e hostilidade entre eles. Seria tentador perseguir essa ideia e derivar desse "narcisismo das pequenas diferenças" a hostilidade que em todas as relações humanas combate vitoriosamente os sentimentos de solidariedade e sobrepuja o mandamento de amor ao próximo.[14]

Posteriormente, em "Psicologia das massas e análise do eu", Freud novamente faz referência ao "narcisismo das pequenas diferenças". Inicia com a parábola dos porcos-espinhos que

---

[14]FREUD, Sigmund. (1917) "O tabu da virgindade". In: FREUD, Sigmund. *Observações sobre um caso de neurose obsessiva ["O homem dos ratos"], uma recordação de infância de Leonardo da Vinci e outros textos (1909-1910)* — *Obras Completas, vol. IX*. Trad. Paulo César de Souza. São Paulo: Companhia das letras, 2013, p. 374.

se aproximam para se aquecerem, mas não suportam a proximidade. Freud acrescenta que, nas relações próximas que os indivíduos estabelecem entre si, sejam elas familiares, amorosas ou fraternas, há inerentes sentimentos de agressividade que, em virtude do recalque, conceito já abordado na tese, não são facilmente percebidos. A hostilidade, assim, é mais facilmente percebida entre "sócios de uma firma, por exemplo, ou queixas de um subordinado contra seu superior"[15]. O autor ainda faz referência à rivalidade entre duas famílias unidas pelo casamento e entre cidadãos que vivem em cidades vizinhas. Em nossa realidade atual, podemos perceber essa hostilidade oriunda do "narcisismo das pequenas diferenças" apontado por Freud na polarização política e ideológica que vem dividindo amigos ou separando pessoas da mesma família no Brasil, como se pode perceber numa reportagem da BBC Brasil[16].

Com nossas pequenas diferenças, não estamos conseguindo conviver muito próximos sem que a hostilidade apareça, como porcos-espinhos.

A hostilidade entre as pessoas, ou, em outras palavras, o mal-estar na civilização, se dá pelo mal-estar com o outro, o outro considerado como uma ameaça, um inimigo. Tomemos o texto "O mal-estar na civilização", que aponta o relacionamento entre as pessoas como causa de grande sofrimento. No texto, Freud mais uma vez faz referência ao "narcisismo das pequenas diferenças".

---

[15] FREUD, Sigmund. (1921) "Psicologia das massas e análise do eu". In: FREUD, Sigmund. *Psicologia das massas e análise do eu e outros textos (1920-1923) — Obras completas, vol. XV*. Trad. Paulo César de Souza. São Paulo: Companhia das letras, 2011.p. 57.

[16] MORI, Letícia. "Eleições 2018: 'Meu irmão ameaçou me proibir de ver minhas sobrinhas' - o pleito que dividiu famílias". In: *BBC News — Brasil*, 26 de outubro de 2018. Disponível no endereço: https://www.bbc.com/portuguese/brasil-45987863. Acessado em 17 de fevereiro de 2023.

DISCURSO RACISTA — FORMADOR DE LAÇO SOCIAL

> Certa vez discuti o fenômeno de justamente comunidades vizinhas, e também próximas em outros aspectos, andarem às turras e zombarem uma da outra, como os espanhóis e os portugueses, os alemães do norte e os do sul, os ingleses e os escoceses etc. Dei a isso o nome de "narcisismo das pequenas diferenças", que não chega a contribuir muito para seu esclarecimento. Percebe-se nele uma cômoda e relativamente inócua satisfação da agressividade, através da qual é facilitada a coesão entre os membros da comunidade.[17]

Utilizando Freud e sua noção de "narcisismo das pequenas diferenças" para tratar o preconceito, a psicanálise nos ensina que é possível que o amor propicie a união de grande número de pessoas, desde que contra outras se possa destinar alguma agressividade, como exemplificado na cena da mulher que ofende um casal na clínica veterinária. Com palavras homofóbicas, ela diz que o correto, ou o "de Deus", é homem com mulher; o que difere disso é destinado à violência. Dito de outro modo, para que se consiga união com alguns em torno de um ideal, faz-se necessário que a hostilidade seja dirigida a alguns outros. É possível o laço com aqueles que comungam dos mesmos ideais, juntamente por existirem aqueles que não os compartilham. Isso é o que constitui as pequenas diferenças, ou diferenças sutis, entre pessoas que sob muitos outros aspectos são iguais. Em nosso país, é corriqueira a divisão entre as pessoas segundo um sentimento em comum de hostilidade e preconceito contra as ditas "minorias", como mulheres, homossexuais, transexuais, negros, índios etc.

---

[17] FREUD, Sigmund. (1930) "O mal-estar na civilização". In: FREUD, Sigmund. *O mal-estar na civilização, novas conferências introdutórias à psicanálise e outros textos. Obras completas, vol. XVIII*. Trad. Paulo César de Souza. São Paulo: Companhia das letras, 2010, p. 81.

Freud, em seu último ensaio, "Moisés e monoteísmo", retoma o assunto do narcisismo das pequenas diferenças. Ele argumenta que o ódio aos judeus está fundamentalmente ligado ao fato de que a maior parte dos judeus vive como minorias entre outros povos:

> Outras motivações em que o ódio aos judeus é mais forte, como a circunstância de eles geralmente viverem como minorias entre os outros povos, pois o sentimento de hostilidade a uma minoria de fora, e a fraqueza numérica desses excluídos convida à sua opressão. Mas há outras duas peculiaridades dos judeus que são totalmente imperdoáveis. Primeiro, em vários aspectos, eles são diferentes dos "povos anfitriões". Não muito diferentes, pois não são asiáticos de raça estrangeira, como afirmaram seus inimigos, e sim compostos, em sua maioria, de remanescentes dos povos mediterrâneos, sendo herdeiros da cultura mediterrânea. Mas são mesmo diferentes, muitas vezes de maneira indefinível, sobretudo dos povos nórdicos, e a intolerância das massas, curiosamente, se manifesta de modo mais intenso em relação às pequenas do que às grandes diferenças.[18]

Ser considerado uma minoria e as "pequenas diferenças" entre os indivíduos, para Freud, seriam elementos fomentadores do ódio entre as pessoas. Elementos que também, em conjunto, compõem o preconceito praticado no Brasil. As pessoas que são alvo de preconceito são tidas como minorias, como no caso dos negros, mesmo que efetivamente ou numericamente não o sejam. Além disso, a hostilidade ocorre sem que se leve em

---

[18] FREUD, Sigmund. (1939) "Moisés e o monoteísmo". In: FREUD, Sigmund. *Moisés e monoteísmo: três ensaios.* In: *Obras completas, Vol. XIX.* Trad. P. C. de Souza. São Paulo: Companhia das letras, 2018, p. 128.

conta que, entre as pessoas, há muito mais semelhanças do que diferenças que geram mal-estar. O que seria o "mal-estar na civilização" senão o mal-estar contido nos laços sociais, o mal-estar contido nas relações com os outros? As relações familiares ou fraternas, especialmente na atualidade, no Brasil, estão em torno dessa agressividade, e as pequenas diferenças se exacerbam, permeando a convivência social com hostilidade.

Outro elemento que compõe a agressividade baseada nas pequenas diferenças é o estabelecimento de uma relação anacrônica com o preconceito. Este é considerado como pertencente a outra história, a outro tempo. Trata-se de uma dificuldade de admitir a prática preconceituosa, como aconteceu com o ex-presidente da Fundação Palmares ao afirmar que não existe racismo no Brasil[19], ou também com o ex-Presidente Bolsonaro, em um programa de televisão[20], com a mesma afirmação, situações que já foram discutidas aqui. Essas cenas não se referem só a duas pessoas — elas dizem respeito à nossa realidade, ao Brasil de hoje e sua sociedade atual.

As "pequenas diferenças", portanto, têm também um papel no "mal-estar" contido nos laços sociais. Para que consigamos viver em sociedade, relacionando-nos com outras pessoas, é necessário que haja uma renúncia à satisfação pulsional total. Com o processo civilizatório, a tendência de tomar outro ser humano como objeto a ser exterminado ou desfrutado sexualmente não pode

---

[19] REDAÇÃO JORNAL DE BRASÍLIA. "Não existe racismo segundo o novo presidente da Fundação Palmares". In: *Jornal de Brasília*, 27 de novembro de 2019. Disponível no endereço: https://jornaldebrasilia.com.br/nahorah/nao-existe-racismo-segundo-o-novo-presidente-da-fundacao-palmares/. Acessado em 17 de fevereiro de 2023.

[20] REDE TV. "Luciana By Night com Jair Bolsonaro", 7 de maio de 2019. [Vídeo] YouTube. Disponível no endereço: https://www.youtube.com/watch?-v=xMDcEo0_BV0. Acessado em 17 de fevereiro de 2023.

ser satisfeita. Com a entrada na linguagem e o processo civilizatório, há uma renúncia pulsional, não é possível o gozo irrestrito.

A renúncia ao gozo completo forma os laços sociais, segundo Lacan[21]. Os laços são tecidos de linguagem. Portanto, os discursos contidos neles são, também, formas de gozo com a linguagem. Como corolário, o preconceito também faz laço. Assim, quando um evento preconceituoso acontece, principalmente de maneira pública ou protagonizado por autoridade, ele ecoa, fazendo laço social. Discutirei agora a maneira pela qual o ato humano, sempre enfronhado no racismo, nas palavras de Lacan, se manifesta nos discursos.

OS DISCURSOS FORMADORES DO LAÇO SOCIAL

Em uma determinada sociedade, as pessoas ocupam certos lugares, assumem determinados papéis e agem de uma e não de outra forma, ou seja, ocupam lugares sociais, criando e recriando laços sociais. Conforme propõe Lacan em seu *Seminário 11*, pela linguagem estabelecem-se relações estáveis, no interior das quais se inscreve algo mais amplo do que enunciações ou discurso. O discurso é uma estrutura necessária para o laço social, a qual ultrapassa em muito a palavra, como trabalho a seguir.

Freud, no prólogo de *Juventude Abandonada*, de August Aichhorn, de forma jocosa, elenca tarefas não passíveis de serem completamente realizáveis: "Bem no início adotei o gracejo segundo o qual as três profissões impossíveis são educar, curar e governar"[22]. Lacan retoma Freud e introduz uma quarta dimen-

---

[21] LACAN, Jacques. (1969-1970) *O seminário, livro 17: o avesso da psicanálise*. Trad. Ari Roitman. Rio de Janeiro: Jorge Zahar Editor, 1992.

[22] FREUD, Sigmund. (1923) "O eu e o id" In: FREUD, Sigmund: *O eu e o id, "autobiografia" e outros textos (1923-1925) — Obras completas, vol. XVI*. Trad. Paulo César de Souza. São Paulo: Companhia das letras, 2011, p. 347.

DISCURSO RACISTA — FORMADOR DE LAÇO SOCIAL

são do impossível: fazer desejar[23]. A partir disso desenvolveu os quatro discursos como formadores do laço social. Lacan, no *Seminário 17*, propõe os quatro discursos como laços sociais. Citando Dunker, Paulon e Milán-Ramos:

> Agora, de forma invertida, será preciso pensar o laço social a partir de suas formas típicas de fracasso das relações de reconhecimento, educar, governar, fazer desejar e psicanalisar. Contudo esse fracasso é representado por uma espécie de personagem ou de indivíduo, no sentido foucaultiano, que se acredita ser agente de um discurso — quando na verdade ele é falado por esse mesmo discurso. Os discursos são estruturais, por isso eles se constroem como feixes duplos de relações entre quatro lugares.[24]

Desde o início de seu ensino, Lacan interessou-se por Hegel, especialmente por sua dialética do senhor e do escravo[25]. Esse interesse visibiliza-se em seu *Seminário 2*, cujo título é *O eu na teoria de Freud e na técnica da psicanálise*[26]. Influenciado por Alexandre Koyré, Lacan utilizou-se do pensamento hegeliano e da dialética do senhor e do escravo para o entendimento do eu e a elaboração de sua teoria dos discursos. O interesse perdurou por toda a sua obra.

---

[23] LACAN, Jacques. (1969-1970) *O seminário, livro 17: o avesso da psicanálise*. Trad. Ari Roitman. Rio de Janeiro: Jorge Zahar Editor, 1992.

[24] DUNKER, Christian; PAULON, Clarice & MILÁN-RAMOS, J. Guillermo. *Análise psicanalítica de discursos: perspectivas lacanianas*. São Paulo: Estação das Letras e Cores, 2016, p. 168.

[25] LACAN, Jacques. (1954-1955) *O seminário, livro 2: O eu na teoria de Freud e na técnica da psicanálise*. Trad. Marie C. Penot. Rio de Janeiro: Jorge Zahar Editor, 2010.

[26] *Idem.*

Na dialética do senhor e do escravo, a relação entre os seres humanos é estabelecida entre aqueles que são dominadores, ou senhores, e outros que são dominados, ou escravos. Há uma questão de reconhecer-se e de ser reconhecido. Assim, o escravo, para o senhor, não é um outro, é apenas um escravo. O senhor é reconhecido e, ao mesmo tempo, não reconhece. O senhor, com sua dominação, faz com que o escravo trabalhe para ele; no entanto, ao mesmo tempo, depende do escravo para sua própria sobrevivência. Além disso, existe a possibilidade de o escravo deixar de sê-lo; o senhor não lhe é imprescindível. O escravo é imprescindível ao senhor. Então, quem é o escravo? Em outras palavras, "se ele não é mais escravo, que mestre eu sou?". Com isso, Lacan tece os discursos que fazem laço não por serem opostos, mas por serem dialéticos.

> Ocorreu-me com muita insistência no ano passado distinguir o que está em questão no discurso como uma estrutura necessária, que ultrapassa em muito a palavra, sempre mais ou menos ocasional. O que prefiro, disse, e até proclamei um dia, é um discurso sem palavras.
> É que sem palavras, na verdade, ele pode muito bem subsistir. Subsiste em certas relações fundamentais. Estas, literalmente, não poderiam se manter na linguagem. Mediante o instrumento da linguagem instaura-se certo número de relações estáveis, no interior das quais pode-se inscrever algo bem mais amplo, que vai mais longe do que as enunciações efetivas.[27]

Fazem parte dos "discursos que ultrapassam as palavras" os enunciados, as regras de conduta, as normas de convivência, as

---

[27] LACAN, Jacques. (1969-1970) *O seminário, livro 17: o avesso da psicanálise.* Trad. Ari Roitman. Rio de Janeiro: Jorge Zahar Editor, 1992, p. 11.

DISCURSO RACISTA — FORMADOR DE LAÇO SOCIAL

convenções sociais, as articulações entre as pessoas, que se estabelecem de forma muitas vezes não explícitas, ou seja, como uma dimensão de ato, e que têm pregnância, enlaçando as pessoas e propiciando determinados fatos aconteçam, como em relações de professor e aluno, relações de trabalho, relações de fiéis em uma igreja etc. Recentemente, um pastor divulgou em sua rede social que havia orado pela morte de um ator e humorista que estava internado por Covid no hospital, pelo fato de este ser homossexual. Indo além da fala preconceituosa emitida de maneira pública, há que se pensar na figura do pastor que, ainda que não se diga nada a respeito, já estabelece relações que repercutem no laço social. No caso específico, sua figura enlaça os fiéis da igreja, bem como aqueles que tiverem acesso à sua postagem, além de esse ato ancorar-se em uma modalidade de discurso eminentemente preconceituoso[28].

Lacan propõe os quatro impossíveis nos discursos como formadores do laço social, delineando uma articulação entre o campo da linguagem e o campo de gozo. Para o impossível governar freudiano, Lacan indica o discurso do mestre (DM) e o discurso capitalista (DC) como uma derivação do primeiro; o educar encontra equivalência no discurso universitário (DU); e psicanalisar, no discurso do analista (DA). O fazer desejar encontra equivalência no discurso da histérica (DH). No momento em que se está em uma relação com outra pessoa, se está inserido em um desses discursos, nos quais os atos importam mais do que as palavras.

---

[28]PIPOCA MODERNA. "Pastor que ora pela morte de Paulo Gustavo será processado". In: *Terra*, 18 de abril de 2021. Disponível no endereço: https://www.terra.com.br/diversao/gente/pastor-que-ora-pela-morte-de--paulo-gustavo-sera-processado,01434ee92a1e99c77933de160b8e2e843py-z4eip.html. Acessado em 17 de fevereiro de 2023.

Os discursos como laços sociais compõem o "campo do gozo", que se encontra para além do campo da linguagem, não deixando, no entanto, de pertencer a este. O discurso instaura relações fundamentais e estáveis mediante o instrumento da linguagem no campo do gozo a partir de uma série de enunciados primordiais que determinam aquele laço social específico. Trata-se de "um discurso sem palavras", pois, segundo Lacan, "não há necessidade de enunciações para que nossa conduta, nossos atos, eventualmente se inscrevam no âmbito de certos enunciados primordiais". É um discurso cujos enunciados nem sempre são explícitos, mas que prescindem de fala para atuar.[29]

Lacan traz a concepção de discurso para refletir sobre as modalidades de laço social, e o discurso é pensado como uma estrutura necessária de articulação entre o campo do sujeito e o campo do Outro, que acontece a partir de posições, lugares onde se localizam o agente, a verdade, o outro e a produção. O discurso é definido pela posição de cada um dos termos, e não especificamente pelo conteúdo discursivo (o discurso ultrapassa a palavra). Para demonstrar a estruturação dos discursos, o autor propõe matemas, nos quais as posições circulam em cada discurso.

LUGARES NOS DISCURSOS

agente	outro
verdade	produção

O discurso é sem palavras e, ao mesmo tempo, propicia a circulação das palavras e dos sentidos. Cada discurso revela

---

[29] QUINET, Antonio. *Os outros em Lacan*. Rio de Janeiro: Jorge Zahar Editor, 2012, p. 36. [Edição do Kindle]

DISCURSO RACISTA — FORMADOR DE LAÇO SOCIAL

a relação do campo do sujeito com o campo do Outro. O estabelecimento do laço social é representado por um matema no qual circulam símbolos — S_1 (significante mestre ou unário), S_2 (significante binário), $\$$ (sujeito dividido), a (objeto a) —, ocupando os lugares do agente, outro, produção de verdade, em uma rotação horária, e assim produzindo os quatro discursos por meio da ocupação dos símbolos em cada posição. O processo civilizatório implica renúncia pulsional para que se estabeleça uma relação entre as pessoas, o que faz com que todo laço social traga como consequência uma perda de gozo.

> É também nesse sentido que Lacan falará em quatro discursos, como organizadores do laço social, segundo certos regimes de gozo:
>
> O discurso do mestre, que tem por agente o significante da autoridade insensata, da autoridade que se autojustifica — vale dizer, que se justifica por seu próprio discurso;
>
> O discurso da histeria, que é uma espécie de sintoma do discurso do mestre e que tem por agente a exposição da divisão do sujeito, denunciando — e, com isso, demandando — uma nova articulação de saber;
>
> O discurso da universidade, que toma por agente o próprio saber, objetivando suas figuras de alteridade em estudantes obedientes;
>
> O discurso do psicanalista, que coloca o objeto com agente, evidenciando que o laço social com o outro está baseado em relações de extração de gozo, indutoras de sujeitos, que surgiriam assim na posição de alteridade desse discurso.[30]

---

[30] DUNKER, Christian; PAULON, Clarice & MILÁN-RAMOS, J. Guillermo. *Análise psicanalítica de discursos: perspectivas lacanianas*. São Paulo: Estação das Letras e Cores, 2016, p. 131.

PSICANÁLISE E NECROPOLÍTICA NO BRASIL

Os quatro discursos

Discurso de "o avesso da psicanálise"

Discurso do Mestre

impossibilidade

$$\frac{S_1}{\$} \xrightarrow{\;/\!/\;} \frac{S_2}{a}$$

esclarecido por
regressão do:

Discurso da Histérica

$$\frac{\$}{a} \xrightarrow{\;/\!/\;} \frac{S_1}{S_2}$$

impotência

Discurso da Universidade

$$\frac{S_2}{S_1} \xrightarrow{\;/\!/\;} \frac{a}{\$}$$

impotência

esclarecido por sua
"progressão para o:

Discurso do Analista

impossibilidade

$$\frac{a}{S_2} \xrightarrow{\;/\!/\;} \frac{\$}{S_1}$$

A intenção aqui não é revisitar toda a teoria dos discursos, mas entender como o discurso preconceituoso circula e faz laço social. De modo simples, podemos pensar que poder, saber e gozo são laços sociais "estruturados em torno da relação do agente e de seu outro (o parceiro), revelando a 'verdade' a partir da qual cada agente se autoriza a agir inscrevendo o que é esperado que o comandado, o outro, produza"[31].

Lacan, partindo da dialética do senhor e do escravo, propõe o discurso do mestre e, a partir deste, pensa os demais para então

---

[31] QUINET, Antonio. *Os outros em Lacan*. Rio de Janeiro: Jorge Zahar Editor, 2012, p. 38. [Edição do Kindle]

DISCURSO RACISTA — FORMADOR DE LAÇO SOCIAL

analisar os enlaces sociais, levando em consideração as relações de poder que circunscrevem o laço social. Segundo Lacan, em "Radiofonia":

> Reportando-nos ao que instaurei este ano, a partir de uma articulação radical do discurso do mestre como o avesso do discurso do psicanalista, sendo dois outros discursos motivados por um quarto de volta que dá passagem de um ao outro — a saber, o discurso da histérica, de um lado e o discurso universitário de outro —, o que se tira daí é que o inconsciente nada tem a ver senão com a dinâmica que precipita a passagem brusca de um destes discursos para o outro. Ora, certo ou errado, acreditei poder correr o risco de distingui-los do deslizamento — de uma cadeia articulada pelo efeito significante, considerado como verdade — sobre a estrutura, como função do real na disposição do saber.[32]

Com base nos discursos, proponho uma reflexão sobre o laço social brasileiro. Procuro entender a incidência do preconceito na composição dos discursos formadores do laço social, partindo do discurso do mestre e seus produtos de dominação, para buscar, então, sua incidência nos demais discursos.

Em cada discurso, há um elemento que Lacan considera preponderante em sua composição, que ele chamou de dominante (termo de Jakobson), aquele situado na posição de agente. Temos, então, a circulação dos quatro elementos na posição de agente na produção dos discursos. Como eu disse, Lacan parte do discurso do mestre, no qual o agente é a lei ou a autoridade,

---

[32] LACAN, Jacques. (1970) "Radiofonia". In: LACAN, Jacques. *Outros escritos*. Trad. Vera Ribeiro: Rio de Janeiro: Jorge Zahar Editor, 2003, p. 435.

para a composição dos demais discursos, o que evidencia, portanto, que todos os discursos são de dominação. Assim, "a referência de um discurso é aquilo que confessa querer dominar, querer amestrar. Isto basta para catalogá-lo em parentesco com o discurso do mestre"[33]. Conforme Quinet,

> Quando se toma um laço social, pode-se avaliar em qual discurso se está através da dominante ou aquilo que esse discurso confessa querer dominar. Todo discurso que trata o outro como objeto pode ser chamado de discurso universitário. Todo laço social que trata o outro como mestre é o discurso da histérica. Quando alguém trata o outro como um escravo ou com um saber a produzir, estamos no discurso do mestre.[34]

Relacionando o discurso do mestre e o discurso do analista, observa-se que o primeiro é o avesso do segundo. Nesse sentido, Lacan, no seu *Seminário 17*, emprega o discurso do mestre como sendo o avesso da psicanálise. O discurso do analista é o único laço social que trata o outro como um sujeito, não o considerando objeto, escravo ou com um saber a produzir, não havendo, portanto, a incidência de preconceito nesse discurso; por essa razão, não o abordo.

Lélia Gonzalez estabelece que mesmo o branco sem propriedade ou meio de produção se beneficia do racismo[35]. Enquanto o capitalista branco obtém lucro diretamente da exploração, os

---

[33] LACAN, Jacques. (1969-1970) *O seminário, livro 17: o avesso da psicanálise*. Trad. Ari Roitman. Rio de Janeiro: Jorge Zahar Editor, 1992, p. 72.

[34] QUINET, Antonio. *Psicose e laço social: esquizofrenia, paranoia e melancolia*. Rio de Janeiro: Jorge Zahar Editor, 2006, p. 35.

[35] GONZALEZ, Lélia. *Por um feminismo afro-latino-americano: ensaios, intervenções e diálogos*. Rio de Janeiro: Jorge Zahar Editor, 2020, p. 35.

DISCURSO RACISTA — FORMADOR DE LAÇO SOCIAL

demais brancos beneficiam-se do racismo mediante vantagens nos preenchimentos das posições sociais, nas diversas facilidades quando comparado com a situação dos negros. Da mesma forma acontece com os discursos. Um discurso preconceituoso, além de incidir diretamente em alguém pela fala violenta, atinge o laço social e nele repercute.

O PRECONCEITO NOS DISCURSOS

"O discurso uniformizador sob a batuta do discurso do mestre comandado pelo capital induz a reações 'normais' de ódio e de produção de abjetos encarnados a serem excluídos da 'civilização'"[36]. Desenvolvo esse ponto a partir da citação de Quinet, juntamente com a ideia do discurso do mestre, de Lacan, segundo a qual há um mestre que dita as ordens e outros que as seguem.

Pensando no contexto brasileiro, há um discurso preconceituoso circulando e uma parcela da população faz uso dele para não desistir de manifestar-se de forma agressiva ou violenta, ou seja, não renuncia ao seu gozo sádico. Cito novamente a fala de Jair Bolsonaro: "O filho começa a ficar assim meio gayzinho, leva um couro, ele muda o comportamento dele. Tá certo? Já ouvi de alguns aqui, olha, ainda bem que levei umas palmadas, meu pai me ensinou a ser homem"[37]. Nela há um que encarna

---

[36] QUINET, Antonio. *Os outros em Lacan*. Rio de Janeiro: Jorge Zahar Editor, 2012, p. 98. [Edição do Kindle]

[37] CIPRIANI, Juliana. "Veja 10 frases polêmicas de Bolsonaro que o deputado considerou 'brincadeira'". In: *Jornal Estado de Minas*, 14 de abril de 2018. Disponível no endereço: https://www.em.com.br/app/noticia/politica/2018/04/14/interna_politica,951685/10-frases-polemicas-de-bolsonaro--que-o-deputado-considerou-brincadeira.shtml. Acessado em 17 de fevereiro de 2023.

PSICANÁLISE E NECROPOLÍTICA NO BRASIL

a função de mestre e propõe que se satisfaça o gozo sádico, enlaçando as pessoas.

Sendo parte fundante da sociedade, o próprio racismo assume a forma de um processo civilizador. Assim, a sociedade brasileira constitui-se como nação tendo o racismo por base, o que dá origem a um processo de constituição de preconceito, também sustentado por discursos, como já vimos. O racismo, desse modo, estaria na base dos discursos que enlaçam a sociedade atual, produzindo um devir-negro que atualiza diferentes formas de violência e preconceito sociais. Nesse sentido, Dunker, Paulon e Milán-Ramos afirmam:

> Dentre estes, as situações nas quais o poder se exerce por meio das relações de linguagem são seus objetos mais chamativos — ou seja: o discurso em sala de aula, entre médico e paciente, entre mídia e consumidores, entre candidato e eleitores, entre patrão e funcionário. O discurso é um laço social que não se reduz à soma das suas falas individuais, mas é uma espécie de condição de possibilidade para um conjunto de enunciados possíveis. Cada dado ou material discursivo é, em sua estrutura mínima, uma composição de elementos linguísticos que comportam, pelo menos virtualmente, a emergência do sujeito.[38]

O sujeito é, ao mesmo tempo, causa e efeito do mal-estar contido no laço social. Isso é o que Mbembe, em sua necropolítica, denominou de "romance da soberania", em que há um duplo aspecto, autoinstituição e autodominação, tendo-se como expressão o direito de matar, a partir da desumanização daquele

---

[38] DUNKER, Christian; PAULON, Clarice & MILÁN-RAMOS, J. Guillermo. *Análise psicanalítica de discursos: perspectivas lacanianas*. São Paulo: Estação das Letras e Cores, 2016, p. 18.

que é estranho ou estrangeiro, um devir-negro[39]. Essa desumanização faz laço e envolve um grande número pessoas nesse discurso, repercutindo no laço social.

Enlaçados pelo discurso do mestre, encarnado pelo ex-presidente Bolsonaro, que se manifestava frequentemente de forma preconceituosa e agressiva, *sites* neonazistas proliferaram no Brasil. Dados da ONG Safranet confirmam a criação de 204 novos *sites* de conteúdo neonazista em maio de 2020, 42 páginas no mesmo mês de 2019, e 28 no mesmo período de 2018, evidenciando, segundo a ONG, uma relação de causalidade entre sua postura e o aumento das células nazistas no país. Isso evidencia que o discurso do mestre eminentemente preconceituoso faz laço social[40].

Também fazem laço social e contribuem com a circulação de ideias neonazistas no país eventos como o ocorrido em janeiro de 2020 e protagonizado pelo então secretário especial da Cultura, Roberto Alvim. Na ocasião da divulgação de um Prêmio Nacional das Artes, o referido secretário divulgou um vídeo no qual ele se portava como Joseph Goebbels, ministro da propaganda de Adolf Hitler, com detalhes de roupas, cabelo e trejeitos como os do alemão[41]. O trecho retirado do discurso de Goebbels foi este: "A arte alemã da próxima década

---

[39] MBEMBE, Achille. *Necropolítica: Biopoder, soberania, estado de exceção, política de morte*. Trad. R. Santini. São Paulo: n-1 edições, 2019.

[40] ALESSI, G. & HOFMEISTER, N. "Sites neonazistas crescem no Brasil espelhados no discurso de Bolsonaro, aponta ONG." In: *El País – Brasil*, 9 de junho de 2020. Disponível no endereço: (https://brasil.elpais.com/brasil/2020-06-10/sites-neonazistas-crescem-no-brasil-espelhados-no-discurso-de-bolsonaro-aponta-ong.html. Acessado em 17 de fevereiro de 2023.

[41] MELO, Tarso de. "Alvim caiu, mas Goebbels não". In: *Revista Cult*, 17 de janeiro de 2020. Disponível no endereço: https://revistacult.uol.com.br/home/roberto-alvim-goebbels/. Acessado em 17 de fevereiro de 2023.

PSICANÁLISE E NECROPOLÍTICA NO BRASIL

será heroica, será ferramenta romântica, será objetiva e livre de sentimentalismo, será nacional com grande *páthos* e igualmente imperativa e vinculante, ou não será nada"[42]. A fala realizada por Roberto Alvim foi a seguinte: "A arte brasileira da próxima década será heroica, será ferramenta romântica, será objetiva e livre de sentimentalismo, será nacional com grande capacidade de envolvimento emocional, e será igualmente imperativa e vinculante, ou não será nada"[43]. A caricatura alemã feita por Roberto Alvim foi agressiva, desrespeitosa e autoritária, repercutindo no laço social.

Inúmeros são exemplos em que os preconceitos foram exaltados no discurso de Jair Bolsonaro durante o exercício de seu mandato no mais alto cargo do poder executivo de nosso país. Um deles foi o brinde com copo de leite em uma de suas *lives* transmitidas pela internet. Como é sabido, o copo de leite é um símbolo utilizado por supremacistas brancos. O discurso preconceituoso repercute, faz laço, é seguido e imitado. No caso, a repetição do gesto de tomar leite entre risadas, deixando em evidência o gozo sádico, é seguida das palavras "entendedores entenderão", pelo blogueiro bolsonarista Allan dos Santos.

Para contribuir com as discussões sobre o preconceito nos discursos, cito um trecho de um texto da psicanalista Ana Laura Prates, no qual ela relaciona as opiniões do ex-presidente Jair Bolsonaro com o laço social:

---

[42] G1 — Globo. "Secretário nacional da Cultura, Roberto Alvim faz discurso sobre artes semelhante ao de ministro da Propaganda de Hitler". In: *G1 — Globo,* 17 de janeiro de 2020. Disponível no endereço: https://g1.globo.com/politica/noticia/2020/01/17/secretario-nacional-da-cultura-roberto-alvim-faz-discurso-sobre-artes-semelhante-ao-de-ministro-da-propaganda-de-hitler.ghtml. Acessado em 17 de fevereiro de 2023.

[43] *Idem, ibidem.*

Ora, precisamos considerar, em contrapartida, que, se há uma patologia em jogo nesse momento claramente distópico pelo qual estamos passando, **ela diz respeito ao laço social.** Afinal, não há nenhuma mudança significativa no comportamento, linguagem, hábitos e ideias de Jair Bolsonaro desde que ele exercia o mandato de deputado federal, e mesmo antes. Esse senhor homenageou milicianos. Esse senhor ofendia e insultava cronicamente o deputado Jean Wyllys e o fez sair do país, devido a ameaças de morte. Esse senhor disse a sua colega deputada Maria do Rosário que não a estuprava porque ela era feia e não merecia. Esse senhor dedicou seu voto em favor do *impeachment* da presidenta Dilma ao torturador Brilhante Ustra. Esse senhor colocou armas nas mãos de crianças durante sua campanha à presidência. Esse senhor disse que sua filha mulher foi uma "fraquejada". Esse senhor agenciou em sua campanha uma fábrica de notícias falsas, com calúnias contra seu adversário. Esse senhor mostrou a cara e as garras e foi eleito presidente do Brasil. Repito: esse senhor foi eleito presidente do Brasil. E agora esse senhor disse aos brasileiros, seus eleitores ou não, para saírem da quarentena durante a pandemia da COVID-19! E, mesmo assim, ainda há uma parcela significativa da população que o apoia. Estão todos loucos? Vamos, igualmente, pedir sua interdição coletiva?[44]

Conforme salientou Prates, para entendermos a banalização do preconceito e a circulação de discursos preconceituosos, mais do que uma análise individual do emissor de determinado

---

[44] PRATES, Ana Laura. (2020). "O Inominável". In: *Jornal GGN*. Disponível no endereço: https://jornalggn.com.br/artigos/o-inominavel-por-ana-laura-prates/. Acessado em 17 de fevereiro de 2023. [Grifo meu]

discurso, faz-se necessário que se interrogue o laço social, mantido a partir também desse discurso, ou seja, esse discurso torna-se um elemento de união e reconhecimento, como discuti acima. O laço social compõe-se com o discurso de trivialização do preconceito e violência, que no Brasil se encarnou como uma forma de estratégia de campanha política. Esta se manifesta ainda hoje, chegando ao extremo da normalização das mortes e negação da pandemia. Consequentemente, isso levou à união em torno desses ideais.

Desde o início da pandemia de coronavírus no Brasil, aquele que ocupou a cadeira presidencial no período mostrou-se claramente contra as políticas de isolamento social promovidas por governadores e prefeitos, em consonância com as recomendações da Organização Mundial da Saúde (OMS). Viu-se, ainda, a clara banalização do número de mortes, enlaçando algumas pessoas e gerando manifestações contrárias às medidas restritivas, como as ocorridas nas cidades de Olímpia (SP) e Belo Horizonte (MG). A manifestação na capital mineira contra as medidas restritivas adotadas pelo prefeito ocorreu no dia em que a cidade atingiu 93% de ocupação da totalidade dos leitos hospitalares disponíveis[45].

Como já apontado, um dos componentes estruturantes do preconceito na sociedade ocidental é a existência de um ideal, com a consequente não aceitação do que não se enquadra nele. Esse ideal pode compor-se como ideal social, racial ou de gênero, sustentado pelo discurso do mestre. Quando o

---

[45] MAGRI, Diogo. "Negacionistas da pandemia promovem caçada contra jornal no interior de São Paulo". In: *El País – Brasil*, 17 de março de 2021. Disponível no endereço: https://brasil.elpais.com/brasil/2021-03-19/negacionistas-da-pandemia-promovem-cacada-contra-jornal-no-interior-de-sao-paulo. html. Acessado em 17 de fevereiro de 2023.

laço social se institui com a incidência do discurso do mestre, há um significante mestre no lugar de ideal — a total recusa da singularidade do sujeito —, o que pode gerar o assujeitamento, ou seja, aceitação passiva da ordem estabelecida e até mesmo a reprodução dessa ordem e o horror à diferença.

O que leva a circular o discurso "bandido bom é bandido morto", fazendo laço social, também é o poder de expressão do discurso do mestre. A sociedade constitui-se pela relação do sujeito com as leis simbólicas que a regem; quando quem ocupa o lugar de "mestre", ou seja, quem dirige ou governa, defende tortura, violência, preconceito e armas, tal defesa repercute no laço social. Se, por um lado, causa horror e repulsa a alguns, por outro, enlaça e envolve muitos outros.

O discurso do mestre estrutura o que Freud denominou de massa organizada, tendo o exército e a igreja como expressões exemplares de funcionamento social[46]. A massa constitui-se de regras às quais os sujeitos estão submetidos. A partir dessas regras, há uma identificação com o líder e também uma identificação horizontal com os demais membros, com a não aceitação daquele que é "diferente". É o que ocorre no Brasil de hoje, como podemos perceber com o crescente número de páginas de internet de conteúdo neonazista.

Ao longo deste estudo, trabalho com diversas falas preconceituosas emitidas por Jair Bolsonaro quando candidato à Presidência da República e, posteriormente, quando presidente. Tais falas circulam e fazem laço por autorizarem um gozo sádico de poder expressar a hostilidade e o preconceito em direção ao outro que

---

[46] FREUD, Sigmund. (1930) "O mal-estar na civilização". In: FREUD, Sigmund. *O mal-estar na civilização, novas conferências introdutórias à psicanálise e outros textos. Obras completas, vol. XVIII.* Trad. Paulo César de Souza. São Paulo: Companhia das letras, 2010.

PSICANÁLISE E NECROPOLÍTICA NO BRASIL

de alguma forma não está dentro do ideal propagado pelos que as emitem. Argumentar que se trata apenas de uma brincadeira ou de liberdade de expressão, manifestações machistas, racistas, homofóbicas ou preconceituosas de qualquer tipo se tornaram frequentes. O ódio dirigido ao outro, seja este semelhante ou diferente, foi autorizado. Como explicita Quinet:

> Mas antes de chegar à eliminação de outrem, o caminho da pulsão de morte pode ser longo: humilha, desqualifica, xinga, maltrata, escorraça, lincha e mata. Eis o que ocorre quando o sujeito faz do outro o objeto de satisfação de sua pulsão agressiva. Nesse caminhar rumo ao assassinato da alteridade, o sujeito goza: é o gozódio.[47]

Sobre o significante *mito* (usado por apoiadores e eleitores), este encarna a função do líder. Assim, temos uma figura que, como agente do discurso do mestre, desde antes da campanha presidencial, emite frases preconceituosas e violentas; com isso, o ódio ao outro passa a ser, além de possível, estimulado. A conjugação de identificação prévia com o líder, do preconceito recalcado, da eleição de um ideal, da exclusão de quem de algum modo está à margem e do narcisismo das pequenas diferenças compõe o laço social.

> Assim, o líder terá um bando de neuróticos hipnotizados que não querem saber de sua divisão e de sua falta e se agarram ao pensamento único do Mestre e Senhor (que não tem mesmo mais do que um pensamento) e saem por aí repetindo que nem

---

[47] QUINET, Antonio. *Os outros em Lacan*. Rio de Janeiro: Jorge Zahar Editor, 2012, p. 81. [Edição do Kindle]

papagaios slogans, memes e palavras de ordem de seu líder. E passam ao ato em nome do líder executando as piores atrocidades como os ataques racistas, homofóbicos, misóginos.[48]

Se o discurso do mestre autoriza e incentiva ações que podem ser eminentemente preconceituosas, o discurso universitário tem como produto a ciência, que, em certos casos, produz o outro como patológico, como doente, gerando a diferença e o preconceito. Quero evidenciar que o discurso universitário não equivale ao discurso promovido nas universidades, mas é um discurso que propõe um saber que universaliza. O outro é tomado, nesse discurso, como um objeto, havendo uma disposição de objetificar o outro a partir de um saber. O discurso universitário pode estar a serviço de teorias eugenistas e/ou higienistas que já enlaçaram a sociedade (políticas de extermínio dos judeus ou de branqueamento social) e que ainda hoje a enlaçam (cena do copo de leite promovida pelo ex-presidente da República).

Recentemente, com a pandemia de coronavírus, a lógica do discurso do mestre serviu-se do discurso universitário para permanecer, perpetuar-se, fazendo laço social com a propagação da ideia de que somente os mais velhos ou vulneráveis, como os portadores de alguma patologia, seriam atingidos. Sob a égide do discurso universitário, também se tentou desqualificar vacinas, com a suposição de eventuais riscos na aplicação do imunizante.

Outro ponto relevante a evidenciar: quem são os mais atingidos pela pandemia? Pesquisa recente aponta que os negros são maioria no número de mortes no Brasil. A lógica racista institui-se mais uma vez; mesmo com milhares de mortos, a

---

[48] QUINET, Antonio. "Como viramos fascistas?". In: *Jornal GGN*, 22 de maio de 2019. Disponível no endereço: https://jornalggn.com.br/artigos/como-viramos-fascistas-por-antonio-quinet/

população negra, indígena e periférica é a mais atingida. Justamente esse ideal da supremacia branca, exaltada nas insígnias do copo de leite, traz consigo a autorização da destruição do outro, de maneira que, mesmo evidente e escancarado, o extermínio privilegiado da população negra novamente é negado[49].

O questionamento direcionado ao mestre promovido pela histérica apresenta-se como um contraponto ao discurso universitário, que produz um saber e não se apresenta como mera reprodução de um saber já instituído. O discurso da histérica, em seu turno, ao mesmo tempo que desafia a ciência no sentido de que a desbanca, produz uma crítica e, portanto, faz a ciência evoluir. Por outro lado, se a serviço do discurso do capitalismo, podem-se reproduzir discursos de dominação; o discurso histérico pode tanto apontar as falhas nos demais discursos, quanto se identificar com o mestre/líder e reproduzir situações de violência e preconceito, como as cenas de manifestação contra as medidas de isolamento. Assim, pode-se pensar tanto em um discurso que prega uma identificação com o líder quanto um discurso que o descamba.

Percebe-se que, se o laço social se constitui com a promessa de lei e ordem, evidenciada no discurso do mestre, que cria e recria o ideal a ser seguido, fazendo laço com aqueles que acreditam na ordem estabelecida por um líder, o discurso universitário, mediante um saber universalizante, pode fomentar e incentivar a obediência a esse saber, tudo conjugado com o discurso histérico, que pode tanto questionar tal saber, quanto se identificar

---

[49] MADEIRO, Carlos. "Covid mata 55% dos negros e 38% dos brancos internados no país, diz estudo". In: *Website Uol*, 2 de junho de 2020. Disponível no endereço: https://noticias.uol.com.br/saude/ultimas-noticias/redacao/2020/06/02/covid-mata-54-dos-negros-e-37-dos-brancos-internados-no-pais-diz-estudo.htm. Acessado em 17 de fevereiro de 2023.

com o líder. Por outro lado, como estamos sob a égide do neoliberalismo vigente, o discurso do capitalismo impera, trazendo consigo a impossibilidade do laço social, com a criação do outro como mercadoria, ou seja, o devir-negro, com o qual não se faz laço, conforme discuto a seguir.

DISCURSO CAPITALISTA E NECROPOLÍTICA

Proponho que, por meio das concepções lacanianas do discurso capitalista, cheguemos à compreensão de como a exaltação e negação de práticas preconceituosas, configuradas como estandarte de uma sociedade eminentemente racista, se sustentam também por uma lógica de consumo e quais são as consequências graves e atuais de uma sociedade assim estruturada.

Em seu *Seminário 17*, Lacan, quando expôs a teoria dos quatro discursos, ele também fez uma introdução ao discurso capitalista. Mas foi só em sua conferência de Milão, em 12 de maio de 1972, que apresentou efetivamente o discurso capitalista, além dos quatro anteriores (discurso do mestre, discurso da histérica, discurso universitário e discurso do analista)[50].

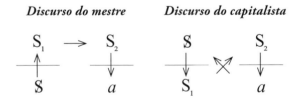

---

[50] TRILHAR. "Conferência de Lacan em Milão em 12 de maio de 1972 — Parte 2". Trad. Sandra Regina Felgueiras. Disponível no endereço: https://trilhardotorg.wordpress.com/2015/03/25/conferencia-de-lacan-em-milao--em-12-de-maio-de-1972-parte-2-traducao-de-sandra-regina-felgueiras/. Acessado em 17 de fevereiro de 2023.

PSICANÁLISE E NECROPOLÍTICA NO BRASIL

O discurso capitalista foi pensado não como um quinto discurso, mas como um discurso a mais, por diferenciar-se dos outros. Além da diferença na estrutura, há outra diferença fundamental, qual seja: os outros quatro discursos promovem o laço social, o que não acontece com o discurso capitalista, pois ele foraclui o laço social. Lacan, em "Televisão", propõe o discurso capitalista como um produto do discurso do mestre, com a exclusão do outro no laço social, pois esse outro é tratado como uma mercadoria[51].

O que seria efetivamente a exclusão do laço social? Segundo Lacan, com não aceitação dos limites e da castração, o discurso do capitalismo não cria laço social, levando à prevalência do capital em detrimento do laço entre as pessoas. Para Quinet,

> O discurso capitalista não é um laço social que regulariza, como o discurso do mestre. Sua política é a liberal, do neoliberalismo, do cada um por si e um contra todos, já que o sol não brilha para todos. O discurso capitalista não é regulador, ele é segregador. A única via de tratar as diferenças em nossa sociedade científica capitalista é a segregação determinada pelo mercado: os que tem ou não acesso aos produtos da ciência. Trata-se, portanto, de um discurso que não forma propriamente laço social, mas segrega. Daí a proliferação do sem: terra, teto, emprego, comida etc.[52]

Na sociedade que tem o discurso do capitalista como condutor, a demanda de consumo é inalcançável, pois, ao comprar

---

[51] LACAN, Jacques. (1973) "Televisão". In: LACAN, Jacques. *Outros escritos*. Trad. Vera Ribeiro: Rio de Janeiro: Jorge Zahar Editor, 2003.

[52] QUINET, Antonio. *Psicose e laço social: esquizofrenia, paranoia e melancolia*. Rio de Janeiro: Jorge Zahar Editor, 2006, p. 41.

DISCURSO RACISTA — FORMADOR DE LAÇO SOCIAL

algo, imediatamente já surge a necessidade de consumir de novo, de novo e de novo. Para consumir mais e mais, se faz necessário cumprir o mandamento "não pare". Além disso, quando Quinet escreve "cada um por si e um contra todos", faz referência à possibilidade de exploração do semelhante, visando sempre ao lucro.

Lacan diz que o discurso capitalista opera tendo a mais-valia como causa de desejo, contudo, a perda de gozo sofrida pelo sujeito volta no que o autor chamou de mais-de-gozar[53]. Assim, se ao ceder seu trabalho ao capitalista o sujeito tolera o desperdício de sua energia (entropia, nas palavras de Lacan), o gozo será devolvido com um mais de satisfação. O discurso capitalista oferece ao sujeito uma promessa de felicidade plena, e o consumo em excesso seria o acesso garantido a essa felicidade. Não há espaço para o vazio, para a falta ou para a castração. "Consuma e seja feliz", essa é a ordem.

O discurso capitalista é apresentado com um deslizamento do discurso do mestre, havendo uma alteração na estrutura, com uma modificação no lugar do saber; o discurso capitalista passa a assumir o comando, a dominação, o que anteriormente era ocupado pelo mestre. Segundo Lacan,

> O sinal da verdade está agora em outro lugar. Ele deve ser produzido pelos que substituem o antigo escravo, isto é, pelos que são próprios produtos, como se diz, consumíveis tanto quanto os outros. Sociedade de consumo, dizem por aí. Material humano, como se enunciou um tempo — sob os aplausos de alguns que viram ali ternura.[54]

---

[53] LACAN, Jacques. (1969-1970) *O seminário, livro 17: o avesso da psicanálise [1969-1970]*. Trad. Ari Roitman. Rio de Janeiro: Jorge Zahar Editor, 1992.
[54] *Idem*, p. 33.

O discurso capitalista criador do racismo, tem sua manifestação atual no neoliberalismo como criador de novas formas de assujeitamento: devir-negro, nas palavras de Mbembe; "material humano", pronto para ser consumido, nas palavras de Lacan. Há uma separação entre aqueles que consomem e os que são consumidos, produzindo-se dessa forma a diferença e não se promovendo o laço social. Exemplo disso: em novembro de 2020, um homem negro foi espancado até a morte, por seguranças, dentro de um supermercado em Porto Alegre. Supermercado, local destinado ao consumo, tornou-se palco no qual um homem foi consumido e morto. Material humano, devir-negro, exaltado na prática de morte[55].

O preconceito, negado e exaltado, tendo como base um racismo estrutural, apresenta-se também no discurso capitalista. Temos, sob esse discurso, as diversas formas de incentivo à produção sem limites, com a ideia de que quem trabalha, "se esforça", consegue ter condições de possuir bens e serviços necessários para a sobrevivência, com a mínima interferência do Estado. Tal ideia é expressa pelo significante *meritocracia*, que se tornou muito comum e passou a ser utilizado como justificativa de acesso a determinada posição econômica ou financeira, ou a reconhecimento social. Tudo seria, portanto, consequência de esforço e iniciativa, ou seja, em razão do merecimento pessoal. Por essa ótica, bastaria trabalho e dedicação para alcançar o "sucesso", sem considerar que muitas vezes o dito "sucesso" se estrutura mediante exploração de um pelo outro.

---

[55] G1 – RS. "Homem negro é espancado até a morte em supermercado do grupo Carrefour em Porto Alegre". In: *G1 – Globo*, 20 de novembro de 2020. Disponível no endereço: https://g1.globo.com/rs/rio-grande-do-sul/noticia/2020/11/20/homem-negro-e-espancado-ate-a-morte-em-supermercado-do-grupo-carrefour-em-porto-alegre.ghtml. Acessado em 17 de fevereiro de 2023.

DISCURSO RACISTA — FORMADOR DE LAÇO SOCIAL

Com a propagação dessa ideia há um aumento do preconceito, pois, se há diferenças econômicas e sociais, elas seriam responsabilidade única do sujeito, sem levar em consideração as oportunidades e condições de vida de cada um; não há, portanto, a promoção do laço social. Além disso, fica implícita a noção de valorização do Estado mínimo, isto é, da mínima interferência do Estado e ausência de políticas públicas para atenuar as diferenças sociais. No Governo Federal vigente entre 2019-2020, houve cortes nas áreas social, cultural e trabalhista. O programa "Minha casa minha vida"[56] teve o menor volume de recursos da história, e a redução de gastos atingiu, inclusive, políticas de distribuição de remédios para a população de baixa renda[57].

Pode ser importante, neste momento, recorrer à articulação de Burgarelli[58] e Fuks[59] sobre as consequências advindas de quando se desinstitui, odeia e mata o Outro (necropolítica, portanto) pela via da destruição das instituições sociais, políticas, culturais e científicas. Citando trechos da entrevista que Silvio

---

[56] Nota da editora: "Minha casa, minha vida" foi um programa federal de habitação popular criado em 2009, durante o governo Lula. Durante o mandato de Jair Bolsonaro, recebeu o nome "Casa verde e amarela".

[57] RESENDE, Thiago & BRANT, Danielle. "Bolsonaro faz cortes nas áreas social, cultural e trabalhista". In: *Folha de São Paulo*, 25 de dezembro de 2019. Disponível no endereço: https://www1.folha.uol.com.br/mercado/2019/12/bolsonaro-faz-cortes-nas-areas-social-cultural-e-trabalhista.shtml. Acessado em 17 de fevereiro de 2023.

[58] BURGARELLI, Cristovão Giovani. "Freud no século XXI: a psicanálise em tempos de guerra, morte e censura à ciência, à história, à cultura e à arte". Notas em Word de comunicação pessoal em evento para Instituto e Clínica Dimensão e Universidade Federal de Goiás, 24 de junho de 2020.

[59] FUKS, Betty Bernardo. "Da Linguagem do Terceiro Reich e da Linguagem do Bolsonarismo". In: *Psicanalistas pela Democracia*, 12 de junho de 2020. Disponível no endereço: https://psicanalisedemocracia.com.br/2020/06/da-linguagem-do-terceiro-reich-e-da-linguagem-do-bolsonarismo-por-betty--bernardo-fuks/. Acessado em 17 de fevereiro de 2023.

Almeida concedeu ao *Roda viva* da Tv Cultura: "O racismo é um elemento muito complexo. Ele se dá numa relação intrínseca com a educação, com a política, com a economia, com a comunicação e até mesmo com o imaginário social. Não é uma questão pontual, não é comportamental. Trata-se de um adoecimento mental. Ser antirracista é incompatível com políticas de austeridade e com a ideia de Estado mínimo"[60].

Assim, Burgarelli realça o alinhamento dessa reflexão de Silvio Almeida com o conceito de necropolítica elaborado por Achille Mbembe, evidenciando que o racismo que circula nos discursos e se materializa nas políticas públicas produz morte. Na direção desse argumento, ele continua ao destacar trechos da entrevista de Almeida:

> Antirracismo é incompatível com o que se chama hoje de desenvolvimento econômico. O racismo sempre termina na morte. Se ele é estrutural é que ele nem sempre é resultado de uma intenção, de um projeto intencionalmente planejado. Passa por baixo ali nos projetos educacionais algo que torna possível a reprodução do racismo. Daí o termo necropolítica [= controle da vida pelo ne(cr)oliberalismo], que naturaliza a morte. Todo aquele que está à margem fica excluído meio que por natureza. Como se dá a criação da raça? É algo que vai muito além de trabalhar, não trabalhar, ter dinheiro, não ter dinheiro [a ideia de que nós sempre temos que ter alguém pior do que nós].[61]

---

[60] RODA VIVA com Silvio Almeida, 22 de junho de 2020. [Vídeo]. You-Tube. Disponível no endereço: https://www.youtube.com/watch?v=L15AkiN-m0Iw. Acessado em 17 de fevereiro de 2023.

[61] ALMEIDA, Silvio *apud* BURGARELLI, Cristovão Giovani. "Freud no século XXI: a psicanálise em tempos de guerra, morte e censura à ciência, à história, à cultura e à arte". Notas em Word de comunicação pessoal em evento para Instituto e Clínica Dimensão e Universidade Federal de Goiás, 24 de junho de 2020.

DISCURSO RACISTA — FORMADOR DE LAÇO SOCIAL

Em síntese, com essa articulação, Burgarelli ressalta que o discurso capitalista é promotor do ne(cr)oliberalismo, isto é, na sua essência, ele naturaliza a morte. A ideia da mínima interferência do Estado, por exemplo, na exaltação da meritocracia, é racista e faz parte de uma política racista, que promove preconceito e morte.

Na tentativa de desconsiderar a pandemia, o Ministério da Saúde brasileiro, desde meados de 2020, deixou de informar o total de mortes e de casos de Covid-19 no Brasil, sob o pretexto de que "é melhor para o Brasil"[62]; depois, na continuidade da necropolítica, anunciou a suspensão do Censo 2021 . O Censo seria fundamental para conhecer a extensão da pandemia e, consequentemente, traçar as estratégias de combate e controle.

Mesmo sem dados governamentais[63], temos a dimensão da pandemia entre a população mais pobre. Segundo dados da Pnad Covid-19 (Pesquisa Nacional por Amostra de Domicílios), os mais ricos e com mais escolaridade do país conseguiram proteger-se melhor do coronavírus por conseguirem trabalhar no dito *home office* (significante para designar trabalho remoto no país)[64]. Como resultado, nas áreas mais pobres o número de

---

[62]MARTELLO, Alexandro & MAZUI, Guilherne. "Governo diz que Orçamento não prevê recursos para o Censo e que pesquisa não ocorrerá em 2021". In: G1 — Globo, 23 de abril de 2021. Disponível no endereço: https://g1.globo.com/economia/noticia/2021/04/23/governo-diz-que-orcamento-nao-preve-recursos-para-o-censo-e-que-pesquisa-nao-ocorrera-2021.ghtml. Acessado em 17 de fevereiro de 2023.

[63] FOLHA DE SÃO PAULO. "Governo deixa de informar total de mortes e casos de Covid-19; Bolsonaro diz que é melhor para o Brasil." In: Folha de São Paulo, 6 de junho de 2020.

[64]Disponível online no endereço: https://www.ibge.gov.br/estatisticas/sociais/trabalho/27946-divulgacao-semanal-pnadcovid1.html?=&t=destaques. Acessado em 17 de fevereiro de 2023.

mortes foi o triplo do que outras regiões. Os membros das classes mais altas conseguiram alterar o local de trabalho e trabalhar de casa, remotamente, o que não acontece com a população das classes D e E (renda até R$ 1.926,00), em que apenas 7,5% conseguiram essa opção[65].

Desde o começo da pandemia, em março de 2020, o ex-presidente Bolsonaro, na contramão do proposto pela OMS, posicionou-se contra as políticas de isolamento social, defendendo que as pessoas, principalmente aquelas que têm menos condições financeiras, voltassem ao trabalho[66]. O discurso do capitalismo, fazendo uso da política de morte, a necropolítica, com sua expressão de crueldade, privilegiou a produção e a economia, mesmo com milhares de mortos no Brasil. Citando mais algumas falas de Bolsonaro:

> O que mais a população humilde sente é a volta do trabalho. Sabemos da questão do vírus, mas não concordo com a política de feche tudo e fique em casa. Essas pessoas, em grande parte, não têm como sobreviver ficando em casa, e a fome tem batido forte na porta dessas pessoas.[67]

---

[65]CANZIAN, Fernando. "Atrás de renda e sem home office, pobres morrem mais de Covid". In: Folha de São Paulo, 20 de abril de 2021. Disponível no endereço: https://www1.folha.uol.com.br/mercado/2021/04/atras--de-renda-e-sem-home-office-pobres-morrem-mais-de-covid.shtml. Acessado em 17 de fevereiro de 2023.

[66]GRANER, Fabio & SIMÃO, Edna. "Bolsonaro volta a criticar políticas de lockdown e deixa em aberto possibilidade de se vacinar". In: *Valor Investe*, 3 de abril de 2021. Disponível no endereço: https://valorinveste.globo.com/mercados/brasil-e-politica/noticia/2021/04/03/bolsonaro-volta-a-criticar--polticas-de-lockdown-e-deixa-em-aberto-possibilidade-de-se-vacinar.ghtml. Acessado em 17 de fevereiro de 2023.

[67]*Idem, ibidem.*

DISCURSO RACISTA — FORMADOR DE LAÇO SOCIAL

Tem a questão do coronavírus também que, no meu entender, está superdimensionado o poder destruidor desse vírus.[68]

O auxílio emergencial vem por mais alguns meses, e daqui para a frente o governador que fechar seu estado, o governador que destrói emprego, ele é que deve bancar o auxílio emergencial. Não pode continuar fazendo política e jogar para o colo do presidente da República essa responsabilidade.[69]

Assim, a necropolítica é exaltada no Brasil, com propagação da ideia de uma desresponsabilização do Estado, de uso de medicamentos sem comprovação científica e contra a vacinação.

Além do discurso capitalista que promove a morte, evidenciam-se as manifestações preconceituosas como formadoras de laço; de certa maneira, o preconceito perpetua-se por meio desses discursos, não de modo individual. Para Lacan, "mediante o instrumento da linguagem instaura-se um certo número de relações estáveis, no interior das quais certamente pode-se inscrever algo bem mais amplo"[70]. Esse amplo evidencia o mal-estar, se utilizarmos os termos freudianos, ou o real, modo como Lacan designa o mal-estar.

---

[68]BBC NEWS BRASIL. "Relembre frases de Bolsonaro sobre a covid-19". *BBC News Brasil*, 7 de julho de 2020. Disponível no endereço: https://www.bbc.com/portuguese/brasil-53327880. Acessado em 17 de fevereiro de 2023.

[69] ESTADÃO CONTEÚDO. "Bolsonaro ameaça: quem fizer lockdown terá que bancar o auxílio emergencial". In: *Jornal Estado de Minas — Política*, 26 de fevereiro de 2021. Disponível no endereço: https://www.em.com.br/app/noticia/politica/2021/02/26/interna_politica,1241462/bolsonaro-ameaca-quem-fizer-lockdown-tera-que-bancar-o-auxilio-emergencial.shtml. Acessado em 17 de fevereiro de 2023.

[70] LACAN, Jacques. (1969-1970) *O seminário, livro 17: o avesso da psicanálise*. Trad. Ari Roitman. Rio de Janeiro: Jorge Zahar Editor, 1992, p. 11.

PSICANÁLISE E NECROPOLÍTICA NO BRASIL

Recentemente, o velho preconceito sustentado pelo racismo adquiriu nova roupagem e as diversas expressões preconceituo-sas ganharam voz, passando a atingir, de forma direta, quem é vítima da ação preconceituosa e, de maneira indireta, quem pre-sencia tal ação. O discurso capitalista se estabelece, chegando a culminar na total banalização da vida, com milhares de mortos no país e com a propagação da ideia de que não há nada a fazer e de que as pessoas precisam trabalhar, principalmente a camada mais vulnerável da população.

Diante da realidade que segrega, desqualifica e extermina, qual a saída possível? Como podemos lidar com a necropolítica, sustentada pelo racismo em suas manifestações? Pensando de outra forma: o que pode a psicanálise frente ao discurso capita-lista, o qual, como visto, não promove laço e estimula a explora-ção de um pelo outro, podendo causar morte? Este é o foco do próximo capítulo.

A seguir, o trabalho volta-se para uma aposta na arte como possibilidade de enlaçar as pessoas, como uma saída frente ao caos. A música será tratada como uma saída possível para o racismo estrutural que leva à ocorrência das manifestações preconceituosas.

O QUE PODE A PSICANÁLISE FRENTE AO DISCURSO DO MESTRE E DISCURSO CAPITALISTA?

E, finalmente, nos será permitido ressaltar,
com toda a modéstia, que o artista não é
menos responsável que os intérpretes
pela obscuridade que circunda sua obra.

— FREUD[1]

ESCOLHI INICIAR este capítulo com essa citação de Freud sobre a arte e sua relação possível com os intérpretes, com aqueles que se sentem enlaçados por manifestações artísticas, propondo esse enlace como tentativa de saída do mal-estar, conforme veremos a seguir.

Como trabalhei até aqui, o racismo que estrutura a sociedade brasileira propicia que as diversas formas de preconceito aconteçam, muitas vezes ambivalentes. Por um lado, há uma negação das manifestações preconceituosas, o que Lélia Gonzalez designou como "neurose cultural brasileira", negação constituída por um discurso que sustenta que o Brasil é um país mestiço, miscigenado e, portanto, não preconceituoso. Por outro, as diversas formas de preconceito evidenciam-se com a exploração do outro como mercadoria (devir-negro), ou "material humano" a ser consumido pelo discurso capitalista.

---

[1] FREUD, Sigmund. (1939) "Moisés e o monoteísmo". In: FREUD, Sigmund. *Moisés e monoteísmo: três ensaios.* In: *Obras completas, Vol. XIX.* Trad. P. C. de Souza. São Paulo: Companhia das letras, 2018, p. 128.p. 409.

O QUE PODE A PSICANÁLISE FRENTE AO DISCURSO DO MESTRE

As mais diversas formas de preconceito sempre se manifestaram abertamente no Brasil. Percebe-se isso quando se analisam os dados do *Atlas da Violência* — no qual se constata muitas mortes de jovens negros e periféricos — ou quando são considerados os dados sobre a população carcerária, composta, em sua maioria, por pessoas negras. Recentemente, o preconceito que já existia ganhou mais palco, ganhou mais voz e foi encarnado em figuras públicas que, assumindo o papel do líder, exaltaram as mais diversas formas de preconceito e, consequentemente, enlaçaram e ainda enlaçam muitas pessoas.

Trata-se de uma política cuja lógica implica a sistemática criminalização da pobreza, da população negra e de outras minorias, o que faz com que se torne legítima a necropolítica praticada mediante eliminação de corpos vivos que não são considerados vidas. A consequente tentativa de encobrimento, de negação ou de exaltação de tais acontecimentos faz parte do jogo de subalternizar grupos ou povos. Tal inferiorização ou exploração intensificou-se com a pandemia do coronavírus e a morte de milhares de pessoas no país, sendo a população mais vulnerável a mais atingida.

A partir dessas discussões, volto às questões formuladas no final do capítulo anterior: qual seria a saída possível para tudo isso? Se o racismo fundou as sociedades ocidentais, se o racismo é inerente ao ser humano, qual é a alternativa que nos resta? Como podemos lidar com o racismo que estrutura a sociedade? Como podemos lidar com o laço do discurso do mestre, que autoriza e incentiva práticas de violência? O que pode a psicanálise frente ao discurso capitalista, o qual não promove laço e estimula a exploração de um pelo outro, podendo até culminar em morte?

Se a psicanálise é subversiva, a arte também é. Apostando em outro laço, com a arte, proponho que esta é uma resposta para as

PSICANÁLISE E NECROPOLÍTICA NO BRASIL

questões formuladas acima. Para a psicanálise, a arte é uma saída possível para que o ser humano consiga lidar com o mal-estar. Freud, em "O mal-estar na civilização", refletindo sobre a experiência humana do sofrimento humano, diz que este tem origem em três registros: o corpo fadado ao declínio, o mundo externo e as relações com as pessoas. Ele acrescenta: "a vida tal como nos coube é muito difícil para nós, traz demasiadas dores, decepções e tarefas. Para suportá-la, não podemos dispensar paliativos"[2]. Ele indica quais seriam esses paliativos:

> Existem três desses recursos, talvez poderosas diversões, que nos permitem fazer pouco de nossa miséria, gratificações substitutivas, que a diminuem, e substâncias inebriantes, que nos tornam insensíveis a ela. Algo desse gênero é imprescindível. É para as distrações que aponta Voltaire, ao terminar seu Cândido com a sugestão de cada qual cultivar seu jardim; uma tal distração também é a atividade científica. As gratificações substitutivas, tal como a arte oferece, são ilusões face à realidade, nem por isso menos eficazes psiquicamente, graças ao papel que tem a fantasia na vida mental.[3]

Minha proposta é pensar com Freud, utilizando a arte para lidar com o insuportável do racismo estrutural nas sociedades ocidentais, bem como com o mal-estar do preconceito existente na cultura e em cada sujeito — e, consequentemente, nos laços sociais.

---

[2] FREUD, Sigmund. (1930) "O mal-estar na civilização". In: FREUD, Sigmund. *O mal-estar na civilização, novas conferências introdutórias à psicanálise e outros textos. Obras completas, vol. XVIII*. Trad. Paulo César de Souza. São Paulo: Companhia das letras, 2010, p. 28.

[3] *Idem*, p. 29.

O QUE PODE A PSICANÁLISE FRENTE AO DISCURSO DO MESTRE

Na perspectiva da psicanálise, temos a noção de objeto como aquilo que é exterior ao sujeito, algo com que se estabelece alguma identificação. Conforme Lacan demonstrou em seu *Seminário 4*, o objeto não é independente; há uma relação entre ele e quem por ele se interessa de alguma forma[4]. Pensando na pesquisa como um objeto, pode-se dizer que o pesquisador, com suas características e preferências, também se relaciona com seu objeto de estudo, conduzindo a pesquisa a partir de suas peculiaridades.

Dentre as inúmeras expressões artísticas, escolho a música. Essa escolha se deve à minha relação profunda com essa produção artística, mas também por entender que a música pode ser uma manifestação artística democrática e subversiva.

Freud foi o primeiro a articular arte e psicanálise, utilizando-se dessa articulação como aliada e instrumento para tecer sua teoria[5]. O próprio conceito de "complexo de Édipo", um dos mais conhecidos de sua obra, foi retirado do teatro, da tragédia grega. Freud apropriava-se da arte para compreender o humano em suas questões. Assim como outros psicanalistas depois dele, Freud tinha com as artes suas formas privilegiadas de trabalho:

> Posso dizer de saída que não sou um conhecedor de arte, mas simplesmente um leigo. Tenho observado que o assunto obras de arte tem para mim uma atração mais forte que suas qualidades formais e técnicas, embora, para o artista, o valor delas

---

[4] LACAN, Jacques. (1956-1957) *O seminário, livro 4: A relação de objeto.* Trad. Dulce Duque Estrada. Rio de Janeiro: Jorge Zahar Editor, 1995.

[5] FREUD, Sigmund. (1913) "Totem e tabu". In: FREUD, Sigmund. *Totem e tabu, contribuição à história do movimento psicanalítico e outros textos (1912-1914) — Obras completas, Vol. XI.* Trad. Paulo César de Souza. São Paulo: Companhia das letras, 2012.

esteja, antes de tudo, nestas. Sou incapaz de apreciar corretamente muitos dos métodos utilizados e dos efeitos obtidos em arte. Confesso isto a fim de me assegurar da indulgência do leitor para a tentativa que aqui me propus.[6]

A arte — especificamente, a escultura e a literatura — encantava Freud. A música, no entanto, não ocupava tanto destaque, conforme seu texto:

> Não obstante, as obras de arte exercem sobre mim um poderoso efeito, especialmente a literatura e a escultura e, com menos frequência, a pintura. Isto já me levou a passar longo tempo contemplando-as, tentando apreendê-las à minha própria maneira, isto é, explicar a mim mesmo a que se deve o seu efeito. Onde não consigo fazer isso, como, por exemplo, com a música, sou quase incapaz de obter qualquer prazer. Uma inclinação mental em mim, racionalista ou talvez analítica, revolta-se contra o fato de comover-me com uma coisa sem saber por que sou assim afetado e o que é que me afeta.[7]

A música foi a expressão artística que elegi para pensar a realidade que se constitui com o racismo formador de laço social, bem como para suportar o mal-estar, além de ser a lente através da qual consigo ver o mundo. Elegi a música, dentre todas as manifestações artísticas, em função de entender que a canção é uma forma de compreendermos nossa cultura, nosso tempo, ou

---

[6]FREUD, Sigmund. (1939) "Moisés e o monoteísmo". In: FREUD, Sigmund. *Moisés e monoteísmo: três ensaios.* In: *Obras completas, Vol. XIX.* Trad. P. C. de Souza. São Paulo: Companhia das letras, 2018, p. 128.

. p. 374.

[7] *Idem, ibidem.*

O QUE PODE A PSICANÁLISE FRENTE AO DISCURSO DO MESTRE

ainda, um modo subversivo de retratar e denunciar a realidade, além de uma aposta na construção de outra espécie de laço a partir dela.

Neste estudo, a música é utilizada como um instrumento para entendermos nossa realidade e as práticas privilegiadas de preconceito praticadas no Brasil. Com dupla função no trabalho, primeiramente, a música é aqui tomada como forma de expressão artística que conta a história de um tempo e se encontra datada, em um contexto histórico e social. Para tanto, escolhi duas canções mais recentes, dos anos de 2002 e 2017, e outra da década de 1970, intencionando refletir sobre esse contexto temporal na composição do preconceito. A música é determinada temporalmente e pode denunciar formas de violência e discriminação exercidas contra uma parcela da população. Além disso, a música será encarada como produto da sublimação, conceito psicanalítico que faz referência a um destino específico da pulsão, trabalhado nas páginas a seguir.

A SUBLIMAÇÃO

A pulsão pode ser recalcada. A vertente do sintoma pode ser revertida em seu oposto, retornar em direção ao eu ou ser sublimada. A sublimação seria a possibilidade de transformar um impulso sexual ou agressivo em algo artístico, religioso ou científico de valor para a sociedade.

Como mencionado anteriormente, toda produção artística encontra-se em um determinado tempo, em certo momento histórico, e isso tem relevância. Nesse sentido,

> Reparem que não há avaliação correta possível da sublimação na arte se não pensarmos nisto — que toda a produção da arte, especialmente as Belas-Artes, é historicamente datada.

Não se pinta na época de Picasso como se pintava na época de Velázquez, não se escreve tampouco um romance de 1930 como se escrevia no tempo de Stendhal. Esse é um elemento absolutamente essencial que não devemos, por enquanto, conotar no registro coletivo ou individual — coloquemo-lo no registro cultural.[8]

Há uma diferença na concepção de sublimação em Freud e em Lacan. Para o primeiro, de modo geral, a sublimação é vista de maneira mais otimista, e ele a relaciona, inclusive, com a transferência no processo analítico. Lacan tratou do tema em seu *Seminário 7*, apontando algumas contradições em relação à forma como Freud pensava a sublimação, uma vez que esta não poderia implicar uma satisfação direta da pulsão, além do elemento "aprovação social" já mencionado. Isto é, para ocorrer a sublimação, é necessário que haja uma satisfação não direta da pulsão e a obra precisa ter uma relevância social, ser uma obra de arte de amplo alcance.

O conceito freudiano de *das Ding*, ou a Coisa, é utilizado para designar o objeto perdido de satisfação mítica, ou o que permanece irrepresentável na experiência de satisfação. A Coisa freudiana perdura na cultura como um mal radical, ou pura falta, de modo que a sublimação seria a construção de um objeto em que esse mal seja convertido em bem social.

Para Lacan, entretanto, a sublimação é situada como um destino possível da pulsão que pode causar sofrimento psíquico ao sujeito. As canções e artistas por mim escolhidas revelam não somente o sofrimento do artista no momento da composição, mas também um grande sofrimento social.

---

[8] LACAN, Jacques. (1959-1960) *O seminário, livro 7: A ética da psicanálise*. Trad. Antonio Quinet. Rio de Janeiro: Jorge Zahar Editor, 2008, p. 132.

O QUE PODE A PSICANÁLISE FRENTE AO DISCURSO DO MESTRE

Optei por três artistas distintos, cada um com uma canção composta ou interpretada em datas diferentes, todas versando, de alguma maneira, sobre preconceito, racismo e sofrimento em suas variadas versões. São eles: Gonzaguinha, Elza Soares e Chico Buarque. Há outro elemento importante na escolha de tais artistas, bem como no componente da sublimação: o valor social da obra e a importância das respectivas criações para o Brasil.

Luiz Gonzaga do Nascimento Júnior, ou simplesmente Gonzaguinha (nascido em 1945 e falecido em 1991), foi um cantor e compositor brasileiro que nasceu no morro de São Carlos, no Estácio, Rio de Janeiro, filho do também cantor e compositor Luiz Gonzaga e da cantora e dançarina Odaléia Guedes dos Santos, que morreu quando ele tinha apenas dois anos de idade. Minha opção de trabalhar com Gonzaguinha se deu porque, além de ele ser um artista sensível à história de tantos brasileiros — pois é filho de nordestino retirante que vivia na favela —, teve uma capacidade incrível de transformar as mazelas de sua época em uma espécie de denúncia, relatando em sua obra as dificuldades sociais e políticas do Brasil[9]. Além disso, tenho a intenção de pensar sobre como o preconceito acontecia na década de 1970 no Brasil.

Partamos da música de Gonzaguinha *Meu coração é um pandeiro*. Nessa bela canção de 1974, o compositor retrata de uma maneira muito delicada como o Brasil de seu tempo lidava com o preconceito. O preconceito narrado pelo poeta é o racial, mas também pode manifestar-se de formas diversas: pode ser sexual, social ou religioso.

---

[9] FRAZÃO, Dilva. "Biografia de Gonzaguinha". In: *Ebiografia*, 18 de setembro de 2019. Disponível no endereço: https://www.ebiografia.com/gonzaguinha/. Acessado em 17 de fevereiro de 2023.

Meu coração é um pandeiro
Gonzaguinha

No cenário mundial dentre outras mil
No universo dentre as nações
Já não és sequer apenas uma estrela
Sendo bela quanto as mais belas constelações
Teu passado espelha bem tanta cultura
Teu presente mostra bem tanta fartura
Teu futuro não eu nem posso comentar
A emoção me cala a voz do coração
Terra dos coqueirais e dos babaçuais, é claro
Terra dos cafezais e dos algodoais, por certo
Terra onde o anil do céu é bem mais anil, pra sempre
Terra do povo pacato e gentil
Vem ver
A sociedade no asfalto
Gastando seu salto alto,
Sambando a pleno vapor
Vem ver
Um morro na arquibancada
Apreciando a moçada
Desfilando com garbo esplendor
Vem ver
Que aqui não há preconceito
O negro tem a alma branca
Há igualdade sem par
Vem ver
Esse povo hospitaleiro
Em cujo peito há um pandeiro
Eternamente a tocar e cada vez melhor
Vem ver

O QUE PODE A PSICANÁLISE FRENTE AO DISCURSO DO MESTRE

> Esse povo hospitaleiro
> Em cujo peito há um pandeiro
> Eternamente a tocar.[10]

O trecho da canção que diz "negro de alma branca" denuncia e expõe a valorização do branco como ideal e a consequente desvalorização do negro nas sociedades ocidentais, além de evidenciar como o Brasil lidava e ainda lida com o preconceito. O racismo em nosso país, nas palavras de Munanga, é "difuso, sutil, evasivo, camuflado, silenciado em suas expressões e manifestações, porém eficiente em seus objetivos e algumas pessoas supunham que seja mais sofisticado e inteligente do que de outros povos"[11]. Citando Gonzalez: "que se pense, no caso brasileiro, nos efeitos da ideologia do branqueamento articulada com o mito da democracia racial. Cabe ressaltar como tais efeitos se concretizam nos comportamentos imediatos do negro 'que se põe em seu lugar', do 'preto de alma branca'"[12].

Por esses fragmentos de sua obra, percebemos como Gonzaguinha tinha uma maneira especial e irônica de retratar o país em sua arte. Ele muitas vezes se utilizava de humor em suas canções. A psicanálise também se interessou pelo humor.

Freud difere o humor do chiste. Como uma manifestação do inconsciente, o chiste foi relacionado por Freud com a condensação e o deslocamento, mecanismos dos sonhos e, enfim, com

---

[10] GONZAGUINHA. "Meu coração é um Pandeiro". In: *Luiz Gonzaga Jr* [CD]. Gravadora: EMI-Odeon, 1984.

[11] MUNANGA, Kabengele. "As ambiguidades do racismo à brasileira". In: KON, Noemi Moritz et. al (org.). *O racismo e o negro no brasil: questões para psicanálise*. São Paulo: Perspectiva, 2017, p. 41.

[12] GONZALEZ, Lélia. *Por um feminismo afro-latino-americano: ensaios, intervenções e diálogos*. Rio de Janeiro: Jorge Zahar Editor, 2020, p. 33.

PSICANÁLISE E NECROPOLÍTICA NO BRASIL

a neurose[13]. No chiste, há um jogo de palavras com a aparente perda de sentido e com subsequente sentido novo, que chega *a posteriori* para o sujeito. Freud retoma a escrita de Heine, poeta alemão que no livro *Reisebilder, Quadros de viagem* em português, narra a história de um agente de loteria que se vangloria de ter relações próximas com um rico barão, tendo este lhe tratado de modo *familionário*. Ocorre aqui a condensação significante "familiar + milionário = *familionário*". Sobre a tirada, Lacan se pergunta no *Seminário 5*:

> Que nos diz Freud? Que reconhecemos aí o mecanismo da condensação, que ela é materializada no material do significante, que se trata de uma espécie de engavetamento, com a ajuda sabe-se lá de que máquina, entre duas linhas da cadeia significante.[14]

Há mais um elemento no chiste; há a necessidade de um outro, a mensagem é dirigida a alguém. Conforme sustenta Lacan, o discurso parte do Eu e vai para o outro, e é necessário que este outro esteja incluído no discurso, pois só assim é que se obtém a graça do irônico[15]. Portanto, o cômico não se realiza sozinho, uma vez que, para o surgimento do elemento jocoso, no chiste, é imperativo que haja um receptor. Nesse sentido, ao receber a mensagem emitida, há uma espécie de "acordo psíquico" de elaboração, pois o ouvinte faz parte da concretização do chiste.

---

[13] FREUD, Sigmund. (1905) "O chiste e sua relação com o inconsciente". In: FREUD, Sigmund. *O chiste e sua relação com o inconsciente. Obras completas, Vol. VII.* Trad. F. C. Mattos & P. C. de Souza. São Paulo: Companhia das letras, 2017.

[14] LACAN, Jacques. (1957-1958) *O seminário, livro 5: As formações do inconsciente.* Trad. Vera Ribeiro. Rio de Janeiro: Jorge Zahar Editor, 1999, p. 26.

[15] *Idem, ibidem.*

O QUE PODE A PSICANÁLISE FRENTE AO DISCURSO DO MESTRE

Já o humor se concretiza em uma única pessoa; não é necessário um outro para se obter prazer com o humor, mas isso não impede que seja compartilhado. Quando o humor é compartilhado, pode-se sentir o mesmo prazer do emissor da mensagem. No humor, segundo Freud, haveria uma grandeza e elevação que faltam ao chiste:

> Já é hora de nos familiarizarmos com algumas das características do humor. Como os chistes e o cômico, o humor tem algo de liberador a seu respeito, mas possui também qualquer coisa de grandeza e elevação, que faltam às outras duas maneiras de obter prazer da atividade intelectual. Essa grandeza reside claramente no triunfo do narcisismo, na afirmação vitoriosa da invulnerabilidade do ego. O ego se recusa a ser afligido pelas provocações da realidade, a permitir que seja compelido a sofrer. Insiste em que não pode ser afetado pelos traumas do mundo externo; demonstra, na verdade, que esses traumas para ele não passam de ocasiões para obter prazer.[16]

Freud considera que o humor é libertador, justamente por ser uma atividade intelectual que obtém prazer das intempéries do mundo externo. Ele prossegue:

> Esse último aspecto constitui um elemento inteiramente essencial do humor. Suponhamos que o criminoso levado para execução na segunda-feira dissesse: "Isso não me preocupa. Que importância tem, afinal de contas, que um sujeito como eu seja enforcado? O mundo não vai acabar por causa disso". Teríamos

---

[16] FREUD, Sigmund. (1927) "O humor". In: FREUD, Sigmund. *Edição Standard Brasileira das Obras Psicológicas Completas de Sigmund Freud, vol. XXI.* Trad. Jaime Salomão. Rio de Janeiro: Imago, 1996, p. 166.

de admitir que um discurso desse tipo apresenta de fato a mesma magnífica superioridade sobre a situação real. É sábio e verdadeiro, mas não revela traço de humor. Na verdade, baseia-se numa avaliação da realidade que vai diretamente contra a avaliação feita pelo humor. O humor não é resignado, mas rebelde. Significa não apenas o triunfo do ego, mas também o do princípio do prazer, que pode aqui afirmar-se contra a crueldade das circunstâncias reais.[17]

"O humor não é resignado, mas rebelde" — essa rebeldia pertencente ao humor eleva-o à dignidade dos processos mentais criados para que se desvie do sofrimento, transformando a dor. Na canção de Gonzaguinha, além de uma manifestação artística na qual o criador expõe sua dor de maneira subversiva e rebelde, criando humor, há também a exposição pública desse humor enlaçando quem ouve, provocando prazer e propondo uma saída para o mal-estar a partir dessa escuta. O humor seria, portanto, uma forma inteligente de lidar com o sofrimento, podendo-se dele retirar prazer.

Usando a arte como guia, voltemos a Gonzaguinha e à sua arte à frente de seu tempo, especificamente com a música mencionada, composta em 1974. É espantoso perceber que, mais de 40 anos depois, estamos no mesmo lugar, não evoluímos. Ou será que regredimos? Ainda sentimos a ironia contida nos versos "aqui não há preconceito" ou "aqui o negro tem alma branca", por refletirem claramente nossa realidade e apontarem o racismo velado como cultural. Mais uma vez, como analisa Mbembe[18], vê-se o racismo como elemento formador de

---

[17] *Idem, ibidem.*

[18] MBEMBE, Achille. *Necropolítica: Biopoder, soberania, estado de exceção, política de morte.* Trad. R. Santini. São Paulo: n-1 edições, 2019.

nossa sociedade, ou como neurose cultural brasileira, segundo Lélia Gonzalez[19].

Ainda nos dias de hoje, percebemos que, paralelamente ao elemento preconceituoso, temos a tentativa de negar ou camuflar essa forma de violência. Aquilo que mantém o próprio preconceito aparece de modos distintos, indo desde situações invisíveis de nosso cotidiano até diferentes práticas de genocídio. Essa tentativa de encobrir revela também a tendência a não alterar as formas de necropolítica praticadas. Faz-se necessário o desvelamento do racismo e dos elementos que o compõem, tais como, a criminalização da pobreza e a delimitação espacial na cidade, para a construção de outras formas de política. O artista utilizou sua arte e humor para, por um lado, desvelar o racismo e, por outro, suportar essa realidade.

Segundo Mbembe, "o próprio Estado empreende a tarefa de civilizar as formas de assassinar e de atribuir objetivos racionais ao ato mesmo de matar"[20]. Nesse sentido, evidencia-se a importância da exposição clara, por meio da arte, do preconceito como constituinte de nossa sociedade, bem como da tendência de negar e ao mesmo tempo exaltar essa realidade. A recorrência do racismo, da desigualdade de gênero, do machismo ou da homofobia está relacionada à manutenção do racismo, inclusive em ato. A segregação e a violência podem ser expressas de modos diferentes, tendo como resultado único um grande sofrimento para a vítima.

---

[19] GONZALEZ, Lélia. *Por um feminismo afro-latino-americano: ensaios, intervenções e diálogos*. Rio de Janeiro: Jorge Zahar Editor, 2020.

[20] MBEMBE, Achille. *Necropolítica: seguido de "Sobre el gobierno privado indirecto"*. Trad. E. F. *Melusina*, 2006, p. 38. Disponível no endereço: https://aphuuruguay.files.wordpress.com/2014/08/achille-mbembe-necropolc3adtica-seguido-de-sobre-el-gobierno-privado-indirecto.pdf. Acessado em 17 de fevereiro de 2023.

Da música de Gonzaguinha, pensando na arte como maneira subversiva de lidarmos com a realidade, vou para Elza Soares, com uma composição de 2002. Cantora nascida em 1930 em um subúrbio do Rio de Janeiro, foi um grande nome da música brasileira. Mulher negra com uma história de vida difícil, muitas vezes marcada por violência e pobreza, foi obrigada a casar-se com 12 anos e aos 13 já era mãe. Em sua arte, encontramos o relato dessa realidade[21].

A CARNE

Elza Soares

A carne mais barata do mercado é a carne negra
A carne mais barata do mercado é a carne negra
A carne mais barata do mercado é a carne negra
A carne mais barata do mercado é a carne negra
A carne mais barata do mercado é a carne negra
Que vai de graça pro presídio
E para debaixo do plástico
Que vai de graça pro subemprego
E pros hospitais psiquiátricos
A carne mais barata do mercado é a carne negra
A carne mais barata do mercado é a carne negra
A carne mais barata do mercado é a carne negra
A carne mais barata do mercado é a carne negra
A carne mais barata do mercado é a carne negra
Que fez e faz história
Segurando esse país no braço

---

[21] FUKS, Rebeca. Biografia de Elza Soares. *Ebiografia,* 13 de novembro de 2019. Disponível no endereço: https://www.ebiografia.com/elza_soares/. Acessado em 17 de fevereiro de 2023.

O cabra aqui não se sente revoltado
Porque o revólver já está engatilhado
E o vingador é lento
Mas muito bem-intencionado
E esse país
Vai deixando todo mundo preto
E o cabelo esticado
Mas mesmo assim
Ainda guardo o direito
De algum antepassado da cor
Brigar sutilmente por respeito
Brigar bravamente por respeito
Brigar por justiça e por respeito
De algum antepassado da cor
Brigar, brigar, brigar
A carne mais barata do mercado é a carne negra
A carne mais barata do mercado é a carne negra
A carne mais barata do mercado é a carne negra
A carne mais barata do mercado é a carne negra
A carne mais barata do mercado é a carne negra.[22]

"A carne" é uma canção de *Moro no Brasil*, álbum de estreia do grupo Farofa Carioca, composta por Marcelo Yuca, Seu Jorge e Ulisses Cappelletti e interpretada por Elza Soares. No verso "a carne mais barata do mercado é a carne negra", a letra faz referência à desvalorização de certas vidas. A canção segue: "é a que vai de graça pro presídio e para debaixo do plástico", fazendo referência à realidade prisional brasileira, em sua grande maioria

---

[22] SOARES, Elza. "A carne". In: *Do Cóccix Até o Pescoço*, abril de 2002 [CD]. Tratore

formada por pessoas negras, e aos números de mortes de pessoas negras que ocorrem em nosso país, dados já apresentados neste estudo. A "carne negra", como dito na canção, é a mais exposta a todo tipo de violência. A qual mercado a canção se refere? Pode--se pensar no mercado capitalista, que criou a figura do negro como produto de exploração, e no mercado neoliberal, que criou e cria constantemente excluídos e processos de marginalização.

O ideal branco, inclusive na estética, também aparece na música quando se diz "esse país vai deixando todo mundo preto e o cabelo esticado". Evidenciam-se a não aceitação do cabelo ou das características físicas atribuídas aos negros e a valorização do que é tido como "de branco", como os cabelos lisos.

O branco como ideal, a desqualificação de vida e a exclusão dão-se de diversas maneiras. Muitas vezes, configuram-se com violência, trazendo resultados devastadores, como aconteceu no dia 2 de junho de 2020, com a morte do menino Miguel, ocorrida na cidade do Recife, no estado de Pernambuco. Ele tinha apenas cinco anos, era filho de uma empregada doméstica que estava trabalhando, mesmo em tempos de pandemia de Covid-19. A criança ficou aos cuidados da patroa, pois sua mãe havia levado o cachorro para passear. O menino, ao procurar pela mãe, foi colocado sozinho em um elevador, culminando com sua morte ao cair do nono andar[23].

A mãe pobre "não pode parar", ela precisou trabalhar durante a pandemia. Miguel foi para o trabalho com sua mãe, pois as escolas estavam fechadas. Fica evidente que a exploração do trabalho, nesse caso, contribuiu para a morte da criança. Porém,

---

[23] G1 — Pernambuco. "Caso Miguel: como foi a morte do menino que caiu do 9º andar de prédio no Recife". In: *G1 — Globo*, 5 de junho de 2020. Disponível no endereço: https://g1.globo.com/pe/pernambuco/noticia/2020/06/05/caso-miguel-como-foi-a-morte-do-menino-que-caiu-do-9o--andar-de-predio-no-recife.ghtml. Acessado em 17 de fevereiro de 2023.

O QUE PODE A PSICANÁLISE FRENTE AO DISCURSO DO MESTRE

uma questão surge: o que aconteceria se quem tivesse morrido fosse a filha dos patrões por uma negligência da empregada? Como a canção denuncia, é o negro quem "vai de graça pro presídio", situação cotidiana em nossa realidade. E como é possível que uma pessoa tenha que trabalhar em plena pandemia?

No Brasil, a falácia do "cidadão de bem" é anunciada e usada corriqueiramente; "represento tudo o que é bom" enquanto que "o lixo é o outro" e pode ser, portanto, explorado ou descartado. A psicanálise mostra-nos que, aceitando nossas mazelas, podemos lidar melhor com elas. Lacan, em seu *Seminário 23*, ensina que "a propósito do que o homem se coloque no lugar do lixo que ele é"[24], na medida em que, aceitando a si próprio como lixo, não precisa imputar o lixo, o resto, a nenhum outro.

Mbembe, em sua *Necropolítica*, traça uma relação entre biopoder e inimizades, relacionando também outros dois conceitos: Estado de exceção e Estado de sítio. A eleição de um inimigo detentor de características negativas é um elemento central para justificar a violência. Segundo o autor, a relação de inimizade relacionada com o Estado de exceção forma uma base para a prática do direito de extermínio de determinados grupos. Apelando-se à emergência de um inimigo ficcional, ocorre a instauração de um regime de exceção, e assim a violência é justificada. A arte tem a função de fazer com que todos nós percebamos as formas de exclusão com as quais compactuamos sem que nos demos conta[25].

Utilizando o conceito de biopolítica de Foucault[26], Mbembe demonstra que há uma divisão entre as pessoas que devem

---

[24] LACAN, Jacques. (1975-1976) *O seminário, livro 23: O sinthoma.* Trad. Sérgio Laia. Rio de Janeiro: Jorge Zahar Editor, 2007, p. 120.

[25] MBEMBE, Achille. *Necropolítica: Biopoder, soberania, estado de exceção, política de morte.* Trad. R. Santini. São Paulo: n-1 edições, 2019.

[26] FOUCAULT, Michel. *O nascimento da biopolítica: Curso no Collège de France (1978-1979).* Trad. E. Brandão. São Paulo: Martins Fontes, 2008.

morrer ou viver. É a partir dos critérios de morte, pautados em práticas racistas e segregativas, que a espécie humana é dividida em grupos. O Brasil enquadra-se nesse tipo de política no que tange à forma de lidar com nosso preconceito, que se dá especialmente pela negação, com a eleição do inimigo fictício, um estranho a ser combatido. Além da violência, seja ela física ou emocional, que tem como alvo principal o inimigo ficcional, o estranho, ou seja, populações ditas como minorias — entre elas, as pessoas homossexuais, transexuais, mulheres, negros e índios —, ergue-se um muro em nossa nação: de um lado, está o "cidadão de bem", tendo, de outro, como seu oposto, tudo que deve ser combatido. Há uma separação clara entre o eu e o outro, "não-eu", separação na qual o primeiro tem todas as virtudes, e o segundo, todas as características negativas — devendo, portanto, ser eliminado. Tal separação entre o eu e o outro está na música "As caravanas", de Chico Buarque. Chico, ou Francisco Buarque de Holanda, nasceu em 1944. Como músico e escritor, é um dos maiores artistas do Brasil, país que o cantor retrata em sua obra. Suas letras são dedicadas à realidade social e cultural de seu tempo. As composições têm uma característica interessante: mesmo sendo branco e homem, em suas canções, ele dá voz a mulheres e a negros[27].

CARAVANAS

Chico Buarque

É um dia de real grandeza, tudo azul
Um mar turquesa *à la* Istambul enchendo os olhos
Um sol de torrar os miolos

---

[27] FRAZÃO, Dilva. "Biografia de Chico Buarque de Holanda". In: *Ebiografia*, 16 de setembro de 2019. Disponível no endereço: https://www.ebiografia.com/chico_buarque/. Acessado em 17 de fevereiro de 2023.

O QUE PODE A PSICANÁLISE FRENTE AO DISCURSO DO MESTRE

Quando pinta em Copacabana
A caravana do Arará, do Caxangá, da Chatuba
A caravana do Irajá, o comboio da Penha
Não há barreira que retenha esses estranhos
Suburbanos tipo muçulmanos do Jacarezinho
A caminho do Jardim de Alá
É o bicho, é o buchicho, é a charanga
Diz que malocam seus facões e adagas
Em sungas estufadas e calções disformes
É, diz que eles têm picas enormes
E seus sacos são granadas
Lá das quebradas da Maré
Com negros torsos nus deixam em polvorosa
A gente ordeira e virtuosa que apela
Pra polícia despachar de volta
O populacho pra favela
Ou pra Benguela, ou pra Guiné
Sol, a culpa deve ser do sol
Que bate na moleira, o sol
Que estoura as veias, o suor
Que embaça os olhos e a razão
E essa zoeira dentro da prisão
Crioulos empilhados no porão
De caravelas no alto mar
Tem que bater, tem que matar, engrossa a gritaria
Filha do medo, a raiva é mãe da covardia
Ou doido sou eu que escuto vozes
Não há gente tão insana
Nem caravana do Arará
Não há, não há
Sol, a culpa deve ser do sol
Que bate na moleira, o sol

PSICANÁLISE E NECROPOLÍTICA NO BRASIL

> Que estoura as veias, o suor
> Que embaça os olhos e a razão
> E essa zoeira dentro da prisão
> Crioulos empilhados no porão
> De caravelas no alto mar
> Ah, tem que bater, tem que matar, engrossa a gritaria
> Filha do medo, a raiva é mãe da covardia
> Ou doido sou eu que escuto vozes
> Não há gente tão insana
> Nem caravana
> Nem caravana
> Nem caravana do Arará.[28]

Nesta canção, o compositor retrata "um dia de real grandeza, tudo azul", até que a paz e a tranquilidade são subitamente interrompidas com a chegada de "estranhos", estrangeiros dentro de seu próprio país que invadem um território proibido para eles, causando pânico nos "cidadãos de bem", que não aceitam aqueles que vêm "das quebradas da Maré". Contra essa invasão, um grito claro: "Tem que bater, tem que matar".

Esse pedido de extermínio retratado na canção e feito pela "população ordeira e virtuosa" parece ser atendido, tanto que, na primeira quinzena de agosto de 2019, o Brasil assistiu inerte à exibição, pela imprensa, de cartas de crianças da favela da Maré no Rio de Janeiro. Nessas cartas, havia desenhos feitos por meninos e meninas moradores da Maré, contendo pedidos urgentes de socorro, tentativas de denunciar o real inominável da morte e massacre praticados pela ação da polícia na favela. Como na canção, o grito de "tem que bater, tem que matar" ecoa e faz

---

[28] BUARQUE, Chico. "As Caravanas". *As Caravanas [CD]*. Biscoito Fino, agosto de 2017

morte. Essas problemáticas podem ser visibilizadas na reportagem do jornal *El País*, que reproduziu o conteúdo de algumas delas[29].

Letícia, moradora da favela da Maré, escreveu: "Boa tarde, eu queria que parasse a operação porque muitas famílias serão mortas e, agora, estou sem quarto porque vocês destruíram na operação"[30], escreveu. "Todo mundo na minha escola chora. Meu irmão por causa dos policiais. E eles bateram no meu primo. Então, não quero mais ver minha família morrendo quando entram. Vocês avisem, tá? Obrigada por ler minha carta. Assinado, Letícia"[31].

Segundo a mesma reportagem, um boletim semestral publicado pelas Redes da Maré demonstrou que ocorreram 27 mortes de pessoas na comunidade só no primeiro semestre de 2019, 10% a mais que ao longo de todo o ano de 2018, quando 24 pessoas foram mortas. Outro dado faz referência à ocorrência de 15 mortes nas 21 operações policiais que aconteceram no primeiro semestre, além de outros 12 falecimentos durante os 10 confrontos entre facções criminosas que estão alojadas nas comunidades da Maré[32].

"Eu tenho a dizer que as operações matam muita gente e é muito triste", denuncia William em sua carta[33]. E ele continua:

---

[29] BETIM, Felipe. "As cartas das crianças da Maré: 'Não gosto do helicóptero porque ele atira e as pessoas morrem'". *El País*, 15 de agosto de 2019. Brasil. Disponível no endereço: https://brasil.elpais.com/brasil/2019/08/14/politica/1565803890_702531.html. Acessado em 17 de fevereiro de 2023.

[30] *Idem, ibidem.*

[31] *Idem, ibidem.*

[32] REDES DA MARÉ. "Boletim Direito à Segurança Pública na Maré", 2019. Disponível no endereço: https://www.redesdamare.org.br/media/downloads/arquivos/BoletimSegPublica_EdicaoEspeci.pdf. Acessado em 17 de fevereiro de 2023.

[33] BETIM, Felipe. "As cartas das crianças da Maré: 'Não gosto do helicóptero porque ele atira e as pessoas morrem'". *El País*, 15 de agosto de 2019. Brasil. Disponível no endereço: https://brasil.elpais.com/brasil/2019/08/14/politica/1565803890_702531.html. Acessado em 17 de fevereiro de 2023.

"Uma vez minha mãe saiu para ver minha avó e deu tanto tiro que me escondi atrás da máquina de lavar. É isso o que tenho a dizer"[34]. Outra criança relata: "Eu não gosto do Helicóptero, porque ele atira baixo e as pessoas morrem"[35].

O que pensar de um país onde as crianças escrevem cartas para a Justiça pedindo que a polícia pare de matar e de ameaçar suas vidas? A divisão no Brasil de quem tem e não tem direito à vida e segurança é clara. Como na música "As caravanas", há aqueles que têm a proteção da polícia, que é instrumento de extermínio de outros — "tem que bater, tem que matar, engrossa a gritaria".

Em outra carta, uma criança demonstra o desejo de sair de casa, mas não pode, pelo risco de levar tiros. As cartas mostram a existência de pessoas destinadas a morrer, a sofrer, para as quais o Estado não disponibiliza proteção alguma. Ao contrário, é o próprio Estado que expõe essas pessoas à violência e à morte, sob um regime de necropolítica, ou seja, um isolamento social, conformado por um estado de exceção.

Mbembe aponta outro ponto que reforça a necropolítica: a eleição de um inimigo fictício[36]. O verso "filha do medo, a raiva é mãe da covardia" demonstra a eleição de um inimigo o qual devo temer; assim, o medo gera a raiva e a violência contra esse outro, estranho. Buscamos construir barreiras "para deter esses estranhos". Não queremos proximidade com "eles", com esses "outros", ao mesmo tempo tão estranhos e tão semelhantes. O laço aqui se faz de duas formas: ao mesmo tempo em que isola, manda trabalhar para o Brasil não parar.

---

[34] *Idem, ibidem.*

[35] *Idem, ibidem.*

[36] MBEMBE, Achille. *Necropolítica: Biopoder, soberania, estado de exceção, política de morte.* Trad. R. Santini. São Paulo: n-1 edições, 2019.

O QUE PODE A PSICANÁLISE FRENTE AO DISCURSO DO MESTRE

Esse sentimento de estranheza foi objeto de reflexão da psicanálise. Freud tratou do tema em "Das unheimliche", traduzido para o português, primeiramente, pela Imago Editora como "O estranho"[37], depois pela Companhia das Letras como "O inquietante"[38] e, posteriormente, pela Autêntica Editora como "O infamiliar"[39].

Freud inicia esse texto pela análise do termo que lhe dá título e de suas múltiplas significações. Demonstrou que, em diversas culturas, o estranho, o estrangeiro, o inquietante, é aquilo que causa horror. Buscando a palavra em vários idiomas, Freud encontrou as traduções para designar *unheimliche: estrangeiro* ou *estranho* em grego; *inquietante* ou *sinistro* em francês; *horripilante* ou *demoníaco* em português ou italiano[40].

Continuando em seu percurso investigativo, Freud descobre que a palavra alemã para designar o estranho, o inquietante ou infamiliar (*unheimliche*) é oposta ao *heimlich*, que designa familiar ou doméstico. Assim, é estranho ou inquietante aquilo que não é conhecido ou é não familiar; é o que causa estranheza ou horror. Em sua pesquisa acerca da palavra *heimlich*, Freud

---

[37] FREUD, Sigmund. (1919) "O estranho." In: FREUD, Sigmund. *Edição Standard Brasileira das Obras Psicológicas Completas de Sigmund Freud, vol. XVII*, Trad. Jaime Salomão. Rio de Janeiro: Imago, 1996.

[38] FREUD, Sigmund. (1919) "O inquietante." In: FREUD, Sigmund. *História de uma neurose infantil: "O homem dos lobos", Além do princípio do prazer e outros textos (1917-1920) — Obras Completas, vol. XIV.* Trad. Paulo César de Souza. São Paulo: Companhia das letras, 2010.

[39] FREUD, Sigmund. (1919) "O infamiliar." In: FREUD, Sigmund. *O infamiliar [Das Unheimliche] seguido de O homem da Areia / E.T.A. Hoffmann. Obras incompletas de Sigmund Freud, Vol. VIII.* Trad. E. Chaves & P. H. Tavares. Belo Horizonte: Autêntica, 2019.

[40] FREUD, Sigmund. (1919) "O inquietante." In: FREUD, Sigmund. *História de uma neurose infantil: "O homem dos lobos", Além do princípio do prazer e outros textos (1917-1920) — Obras Completas, vol. XIV.* Trad. Paulo César de Souza. São Paulo: Companhia das letras, 2010.

encontra seu significado como *familiar*, mas também outros sentidos que coincidem com o seu oposto. O familiar ou doméstico também pode causar horror, estranheza e inquietação, ou seja, o familiar pode ser, na verdade, não familiar. Assim, esse núcleo da palavra *estranho* em alemão indica "uma possível ligação genética entre os dois significados", como diz Freud[41].

O estranho ou inquietante seria, portanto, algo que não deveria vir à tona, algo sobre o qual não queremos saber e que, por consequência, deveria ficar oculto. O oculto ou secreto não precisa ser algo de fora ou que venha do outro, pode ser algo familiar, algo do eu que emerge. Podemos pensar que, quando o preconceito vem à tona, e é de alguma forma exaltado, muitas vezes causa estranheza e precisa ser negado. Dessa constatação, Freud extrai a ligação entre o estranho e o recalque. Quando algo do sujeito o surpreende e ele "se sente ultrapassado, pelo que ele acaba achando ao mesmo tempo mais e menos do que esperava", nas palavras de Lacan[42]. Freud ressalta também aspectos da dimensão infantil, como pensamento mágico e repetição, que atuam juntamente com o retorno do recalcado para formar aquilo que nos causa estranheza ou inquietação[43].

Pelo racismo, o familiar também se torna estranho. Por meio do racismo, o igual, ou semelhante torna-se estranho, ou torna-se "o negro", "o *gay*": cria a diferença, cria o devir-negro ou o material humano pronto para ser consumido.

---

[41] *Idem*, p. 338.

[42] LACAN, Jacques. (1964) *O seminário, livro 11: Os quatro conceitos fundamentais da psicanálise*. Trad. M. D. Magno. Rio de Janeiro: Jorge Zahar Editor, 2008, p. 32.

[43] FREUD, Sigmund. (1919) "o inquietante". In: FREUD, Sigmund. *História de uma neurose infantil: "O homem dos lobos", Além do princípio do prazer e outros textos (1917-1920) — Obras Completas, vol. XIV.* Trad. Paulo César de Souza. São Paulo: Companhia das letras, 2010.

O QUE PODE A PSICANÁLISE FRENTE AO DISCURSO DO MESTRE

Na canção de Chico Buarque, "As caravanas", emergem dois componentes do estranho. O primeiro e mais óbvio é quando o morador da favela ocupa um lugar que não era para ele ocupar ou do qual não faz parte, é dele excluído. O outro elemento é que o brasileiro pode dar-se conta do racismo e da segregação inerentes ao sujeito pela canção. Assustamo-nos ou surpreendemo-nos com algo que, por algum motivo, escapa e surge, causando inquietação e desconforto. Nesse sentido, há um estranho que habita em mim, e sobre esse estranho nada quero saber. Do mesmo modo, também não queremos saber nada do preconceito e da segregação que possam existir em cada sujeito.

Voltando ao texto de Freud, uma situação inquietante é narrada; o autor, viajando de trem, é surpreendido por um senhor que invade sua cabine. No ímpeto de pedir que ele se retire, percebe que o "invasor" é apenas a sua imagem refletida no espelho que ficava na toalete da cabine[44]. Estranho ou familiar? Com Chico Buarque, podemos pensar no racismo da "população ordeira e virtuosa" que surge, emerge, vem à tona por meio da canção. Por outro lado, da mesma forma que a própria imagem no espelho causou estranheza ou inquietação em Freud, também nos incomodamos, nos causa horror quando os outros da favela surgem, mostrando o reflexo de uma parte de nós, como na música de Chico Buarque.

As três canções evidenciam algum dos aspectos do que busquei problematizar neste livro. A primeira música, de Gonzaguinha, evidencia o aspecto do "racismo à brasileira", da "neurose cultural brasileira", com o componente forte da negação em nossa maneira de sermos preconceituosos, pois, segundo o compositor, aqui "o negro tem a alma branca" e "há uma igualdade sem par". Mesmo tendo sido escrita em 1974, ela é atual,

---

[44] *Idem.*

PSICANÁLISE E NECROPOLÍTICA NO BRASIL

principalmente, com a emergência recente da violência nas mais diversas expressões de preconceito, tendo como alvo quem está à margem do ideal. Conforme Quinet,

> É a era do retrocesso democrático em vários países do mundo, sobretudo nos Estados Unidos e no Brasil, em que os discursos racistas, xenofóbicos, misóginos e homofóbicos saíram do armário, ou melhor, do esgoto, com uma violência tal que vai do insulto ao assassinato autorizado por esses discursos que emanam da pulsão de morte com sua vertente de segregação, exclusão e eliminação.[45]

A segunda canção que abordei neste capítulo, "A carne", aponta fortemente para a desqualificação dos negros em nosso país, que são destinados à pobreza, à morte ou à prisão: "Que vai de graça pro presídio / e pra debaixo do plástico / que vai de graça pro subemprego".

> Levemos isso para a psicologia das massas e encontraremos a eleição de uma pessoa (ou um grupo de pessoas) como inimigo a ser eliminado pela massa que vira horda. A formação da massa não é só constituída por um significante mestre (S_1) sustentado por alguém que está no lugar de ideal de eu. A constituição do inimigo em comum também é o fator que sustenta a coesão do agrupamento — é a lógica do bode expiatório. Por outro lado, como formação da pulsão de morte, o ódio é destruidor dos laços sociais, nos aponta Freud.[46]

---

[45] QUINET, Antonio. *Os outros em Lacan*. Rio de Janeiro: Jorge Zahar Editor, 2012, p. 19. [Edição do Kindle]

[46] Idem, p. 82.

O QUE PODE A PSICANÁLISE FRENTE AO DISCURSO DO MESTRE

Na música de Chico Buarque, fica nítido o quanto o preconceito é "insano", ao ser isento de qualquer razão lógica que justifique sua prática, porém ele acontece. A paixão pelo não saber, pela ignorância, promove a onda de "tem que bater, tem que matar". Essas manifestações artísticas têm o importante papel de denúncia, de contar o que acontece conosco. Pela arte de nossa música, podemos nos ver no espelho duplamente: ver o Brasil existente nas periferias e nos morros, e, ao mesmo tempo, também nos vermos como parte do país que exclui, mata e faz sofrer.

Apostando na arte, temos a possibilidade de perceber a maneira pela qual os discursos preconceituosos do Brasil de hoje e de ontem, de alguma maneira, circulam e fazem laço social, encontrando apoiadores que reproduzem, replicam ou amparam essas práticas. Quem sabe, a partir daí, possamos conseguir sair disso. A psicanálise acredita que, com o desejo de saber, se pode criar algo. Contra a violência que saiu do armário, ou do esgoto, como diz Quinet, é necessária uma aposta em outra espécie de laço, que leva em conta a castração e o respeito à diferença e à singularidade, com o qual possamos não apenas denunciar nossas mazelas, mas também, pelas denúncias, lidar com a realidade, buscando modos de transformá-la.

O que seria essa outra espécie de laço? O que estou querendo evidenciar é que, quando ouvimos de um presidente da República frases como "negro não serve nem para procriar" ou "o filho era gayzinho e apanhou para virar homem", temos uma espécie de valorização da violência e estímulo à eliminação da diferença, com a autorização ditada pelo discurso do mestre, discurso que, como vimos, faz laço, legitima e autoriza uma série de atos. Já quando ouvimos Elza Soares, com sua singular e belíssima voz, cantar "A carne mais barata do mercado é a carne negra", ou Gonzaguinha, quando canta "O negro de alma branca", ou ainda, Chico Buarque, em "tem que bater, tem que matar", também temos a formação de laço. Também aí ocorre a legitimação e a autorização de uma série de atos. As pessoas também se unem em torno disso, mas é outra espécie de laço, levando em conta e respeitando a singularidade.

O que a psicanálise pode frente aos discursos do mestre e do capitalismo? Escolho pensar na psicanálise como uma aposta no desejo de saber e na constituição de outra espécie de laço social.

Este livro foi impresso em março de 2023
pela gráfica Paym para Aller Editora.
A fonte usada no miolo é Adobe Garamond Pro corpo 11,5.
O papel do miolo é Pólen Soft LD 80 g/m².